仓储管理
从入门到精通

郑时勇　主编

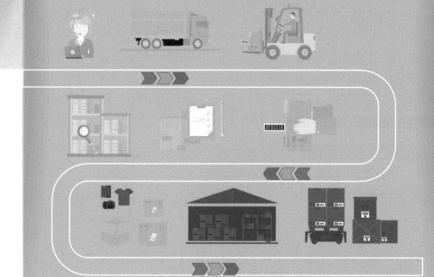

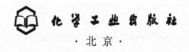

·北京·

《仓储管理从入门到精通》在科学的采购与供应链管理思想基础上，采用图解的形式，去理论化，通过范本、案例对于仓储管理的知识框架和现实应用做出完整呈现。本书分为仓储的规划与布局、仓库物料管理的基础工作、入库管理、仓储搬运、仓储保管、出库管理、仓库盘点、智慧仓储管理8个章节，对于仓储管理进行了系统的归纳和分析，不论是初学者还是从事多年的仓储管理者，都可以用来学习参考和对照。

图书在版编目（CIP）数据

仓储管理从入门到精通/郑时勇主编． —北京：化学工业出版社，2019.10（2024.11重印）
ISBN 978-7-122-34822-7

Ⅰ.①仓… Ⅱ.①郑… Ⅲ.①仓库管理 Ⅳ.①F253.4

中国版本图书馆CIP数据核字（2019）第140397号

责任编辑：刘　丹　　　　　　　　　　　　装帧设计：王晓宇
责任校对：宋　玮

出版发行：化学工业出版社（北京市东城区青年湖南街13号　邮政编码100011）
印　　装：北京建宏印刷有限公司
787mm×1092mm　1/16　印张13　字数242千字　2024年11月北京第1版第6次印刷

购书咨询：010-64518888　　　　　　　　　售后服务：010-64518899
网　　址：http://www.cip.com.cn
凡购买本书，如有缺损质量问题，本社销售中心负责调换。

定　　价：58.00元　　　　　　　　　　　　　　　　　　版权所有　违者必究

前言 — Preface

全球采购和供应链快速发展的今天,人工智能、大数据、工业机器人、物联网、互联网金融、区块链等新兴技术和概念层出不穷,令人应接不暇。身处其中的每个人每天都接收海量信息,如何在海量信息、碎片化信息和数据中获取对自身和所处行业有效的、系统化的信息;我国制造企业跨越式发展、弯道超车,不管是主动还是被动地进入工业 4.0 和智能制造,如何用最先进的理论和实践进行指导,都是当今我国实体经济中的支柱——制造企业进行产业升级和内部增效最重要的一个课题。

我国制造业在发展的同时面临着人口红利消失、国际分工细化、高科技领域竞争加剧、全球原材料资源涨价等问题。在激烈竞争的市场环境里生存的大中型企业开始考虑优化和变革自己的采购与供应链管理体系。如何从原材料供应商到终端消费者进行整合,实现最少的库存、最精准的营销、最短的生产周期,获取生产效率的最优化和商业利益的最大化是这些企业目前最迫切的问题。同时,这些问题也给当前我国制造业的供应链管理提出更高要求。

拥有科学的采购与供应链管理思想是制造企业提高管理水平、改善质量、节约成本的基础。企业还需要建立一整套科学的采购与供应链管理系统,将采购管理的各项工作纳入整个公司的内部管理体系中,保证采购过程中各环节间的信息通畅,提高企业内部各协作部门的工作效率。

同时,对企业各种仓储行为进行整体的规划,对于仓储模式、仓储设施、储存空间、信息管理系统等进行决策及设计,通过合理的仓储规划不仅可以有效提高仓储工作效率,而且可以直观地对仓储作业活动进行调控。

总之,良好的采购与供应链管理,可以充分利用企业外部资源、利用供应商的运作来减少企业采购作业流程,让供应商对自己的产品负责,对物资的供应负责，减轻企业采购人员的工作负担，减轻仓储工作人员的作业难度，在降低成本的同时提高效率，实现企业与供应商的双赢。

《仓储管理从入门到精通》一书就是在科学的采购与供应链管理思想基础上，采用图解的方式，去理论化，通过范本、案例对仓储管理的知识框架和实际应用做出完整呈现。本书分为仓储的规划与布局、仓库物料管理的基础工作、入库管理、仓储搬运、仓储保管、出库管理、仓库盘点、智慧仓储管理8个章节，对仓储管理进行了系统的归纳和分析，不论是初学者还是有多年工作经验的仓储管理者，都可以用这本书进行学习、参考和对照，希望此书能够给大家带来更多启迪和思考。

本书获得了许多业内朋友的帮助，尤其是环球物流咨询公司的黄尧笛老师，在此特别感谢！

由于笔者水平有限，加之时间仓促、参考资料有限，书中难免出现疏漏与缺憾，敬请读者批评指正。

编　者

目录 — Contents

第1章 仓储的规划与布局　001

仓储规划是在对各种仓储行为进行整体的规划，对于仓储模式、仓储设施、储存空间、信息管理系统等进行决策及设计。通过合理的仓储规划可以有效地提高仓储的工作效率，减轻仓储工作人员的作业难度，更可直观地对仓储作业活动进行调控。

1.1 仓储规划 / 001
- 1.1.1 仓储规划原则 / 001
- 1.1.2 仓储规划注意事项 / 002

1.2 仓储系统性的规划 / 003
- 1.2.1 认识——从供应链全局看仓储 / 003
- 1.2.2 理解——存储对象的特征分析 / 004
- 1.2.3 改造——核心设计仓储布局 / 005
- 1.2.4 评估——系统评价 / 005
- 1.2.5 实施——运作支持 / 005

1.3 仓库的具体规划 / 006
- 1.3.1 仓库规划的总体要求 / 006
- 1.3.2 仓库规划的主要内容 / 007
- 1.3.3 仓库位置的确定 / 007
- 1.3.4 仓库总平面布置 / 008
- 1.3.5 仓库竖向布置 / 008

1.4 仓位规划 / 009
- 1.4.1 仓库区位规划设计 / 009
- 1.4.2 确定货仓仓位大小 / 009

1.4.3　仓位的具体规划　/ 010

1.5　货位规格化・/ 011

1.5.1　货位规格化的主要依据　/ 011
1.5.2　货位规格化的基本思路　/ 012
1.5.3　货位规格化的形式　/ 012

1.6　货位编号・/ 014

1.6.1　货位编号原则　/ 014
1.6.2　货位编号的要求　/ 014
1.6.3　货位编号的方法　/ 015
1.6.4　绘制货位图　/ 016
1.6.5　货位编号的注意事项　/ 018

1.7　选择货架・/ 019

1.7.1　普通货架　/ 021
1.7.2　特殊货架　/ 021

1.8　自动化立体仓库・/ 022

1.8.1　自动化立体仓库的优点　/ 023
相关链接：自动化立体仓库与传统仓库对比　/ 024
1.8.2　自动化立体仓库的缺点　/ 024
1.8.3　自动化立体仓库的功能　/ 025
1.8.4　自动化立体仓库的分类　/ 025
1.8.5　自动化立体仓库的构成　/ 028
1.8.6　自动化立体仓库的布置规划　/ 030
1.8.7　选择自动化立体仓库需考虑的问题　/ 032

第2章
仓库物料管理的基础工作

物料管理是对企业生产经营活动所需各种物料的采购、验收、供应、保管、发放、合理使用、节约和综合利用等一系列计划、组织、控制等管理活动的总称。而要做好物料管理，首先必须做好基础工作：物料编号、物料定位与标示、制作物料账卡。

2.1 物料编号 / 035

- 2.1.1 物料编号的含义 / 036
- 2.1.2 物料编号的作用 / 036
- 2.1.3 物料编号的基本原则 / 037
- 2.1.4 物料编号的结构组成 / 037
- 2.1.5 物料编号的方法 / 038
- 2.1.6 物料编号的注意事项 / 039

2.2 物料定位与标示 / 040

- 2.2.1 物料定位 / 041
- 2.2.2 物料标示 / 043

2.3 物料账卡 / 044

- 2.3.1 什么是物料账卡 / 045
- 2.3.2 物料卡管理要求 / 045
- 2.3.3 物料台账 / 045
- 2.3.4 账目管理的要点 / 051

第3章 入库管理

052

物料入库是生产管理的重要组成部分，也是仓库管理的一个重要环节。做好物料入库控制工作，对于降低生产成本有重要作用。

3.1 入库准备 / 052

- 3.1.1 了解所接物品 / 053
- 3.1.2 划分存放位置 / 053
- 3.1.3 整理存放区域 / 054
- 3.1.4 组织人力 / 054
- 3.1.5 准备物力 / 054

3.2 物料接收流程 / 054

- 3.2.1 预接收材料 / 055
- 3.2.2 通知检验 / 056

3.2.3　按检验结果处理物料　/ 057

3.3　实施检验 · / 059

3.3.1　数量检验　/ 061
3.3.2　品质检验　/ 063
3.3.3　契约（采购）条件检查　/ 064

3.4　入库登记 · / 064

3.4.1　入库单填制　/ 065
3.4.2　明细账登记　/ 066

3.5　保管卡设置 · / 066

3.6　建立物品档案 · / 068

3.6.1　收集档案资料　/ 068
3.6.2　建立并保管档案　/ 069
3.6.3　物品档案的管理注意事项　/ 069

3.7　损害赔偿 · / 069

3.8　物品退换 · / 070

3.8.1　物品退换手续　/ 071
3.8.2　物品退换流程　/ 071

第4章　仓储搬运

物料/成品装卸搬运是生产过程的辅助环节，存在于仓库内、仓库和生产部门之间以及出货等各个环节。搬运对企业的生产效率有很大影响，通过有效的物料装卸搬运管理，可以极大地压缩占用的时间和费用。对于仓储管理来说，这是一项很重要的管理内容。因此，一定要对物料装卸搬运进行设计，使其趋于科学化、合理化。

4.1　搬运原则 · / 073

4.1.1　搬运原则　/ 074
4.1.2　搬运布置的注意事项　/ 074

4.2 搬运方法与工具・/ 074
    4.2.1 认识"搬运作业指导书" / 075
    4.2.2 搬运方法 / 076
    4.2.3 选择搬运方法 / 076

4.3 认识运输标志・/ 077
    4.3.1 包装储运图示标志 / 078
    4.3.2 危险货物包装标志 / 081

4.4 搬运的要求・/ 086
    4.4.1 人工搬运的限制使用 / 087
    4.4.2 使用工具搬运 / 087
    4.4.3 搬运装具 / 088

4.5 提高搬运效率・/ 088

4.6 实施合理化搬运・/ 089
    4.6.1 合理化搬运的衡量准则 / 090
    4.6.2 减少搬运次数 / 091
    4.6.3 缩短搬运距离 / 091
    4.6.4 提高物品活载程度 / 091
    4.6.5 提高作业的机械化和自动化水平 / 092

4.7 特殊物品搬运・/ 092
    4.7.1 特殊物品的类别 / 093
    4.7.2 特殊物品的搬运方法 / 093
    4.7.3 特殊物品的搬运器具选择 / 094
    4.7.4 各类特殊物品的搬运要领 / 094

第5章

仓储保管

    仓储保管是指通过仓库对商品进行储存和保管。仓储的物资储藏的基本功能决定了仓储的基本任务是存储保管、存期控制、数量管理、质量维护；同时，利用物资在仓储的存放，开发和开展多种服务是提高仓储附加值、促进物资流通、提高社会资源效益的有效手段，因而也是仓储保管的重要任务。

5.1 储存保管要求 / 097

5.1.1 整理好储存区域 / 097
5.1.2 使用适当的储存方法 / 097
5.1.3 做好储存品的监控 / 097

5.2 保管、储存的控制方法 / 098

5.2.1 分类存放 / 098
5.2.2 科学堆放 / 098
5.2.3 保持通道畅通 / 098
5.2.4 明确职责 / 098
5.2.5 加强保管 / 099
5.2.6 严格审批 / 099
5.2.7 保障安全 / 099

5.3 物品堆放 / 099

5.3.1 堆放的一般性原则 / 100
5.3.2 物品堆放的方法 / 100
5.3.3 物品堆放的注意事项 / 101
5.3.4 特殊物品的堆放 / 103

5.4 物品标示 / 103

5.5 仓储保管技术 / 104

5.5.1 仓库温、湿度控制及调节 / 104
5.5.2 储存物品霉变防治 / 106

5.6 不同物品的保管要领 / 107

5.6.1 贵重物品的管理 / 108
5.6.2 危险物品的管理 / 108
5.6.3 易损物品的管理 / 109
5.6.4 易生锈材料的管理 / 109
5.6.5 敏感材料 / 110
5.6.6 有效期限较短的物料 / 110
5.6.7 可疑材料 / 110
5.6.8 长期库存的物品 / 111
5.6.9 退货产品的处理 / 111

5.7 储存日常质量监督 / 112

- 5.7.1 日常质量监督的方式和性质 / 112
- 5.7.2 日常质量监督的频率 / 113
- 5.7.3 日常质量监督的内容 / 113

5.8 物品定期检验 / 114

- 5.8.1 定期检验的周期 / 114
- 5.8.2 库存物品定期检验的方法 / 114
- 5.8.3 库存物品定期检验结果的处理方法 / 115

5.9 呆、废料的处理 / 115

- 5.9.1 呆料、废料的划分 / 115
- 5.9.2 对呆料、废料的处理目的 / 116
- 5.9.3 呆料的预防与处理 / 117
- 5.9.4 废料的预防和处理 / 118

第6章 出库管理

仓库根据客户（生产部、销售部）开出的货物出库凭证（仓单、领料单、提货单、调拨单），进行核单备货、复核、包装、点交、登账和清理等工作，过程的总称为出库管理。仓管人员必须做好货物出库前的准备工作，货物出库应严格按照程序办理，处理好货物出库中出现的问题，同时，认真做好货物的出库复核。

6.1 物料的出库 / 121

- 6.1.1 物料的发放流程 / 121
- 6.1.2 物料发放手续 / 122
- 6.1.3 物料发放原则 / 126
- 6.1.4 领料凭证的审核 / 127
- 6.1.5 备料 / 131
- 6.1.6 物料发放 / 132
- 6.1.7 做好登记作业 / 134
- 6.1.8 发料问题的处理 / 136

6.1.9　退料管理　/ 137
6.1.10　物料超领的管理　/ 139

6.2　成品出货・/ 140

6.2.1　成品出仓的要求　/ 141
6.2.2　出货的准备工作　/ 141
6.2.3　出货记录　/ 142
6.2.4　出货装车　/ 143
6.2.5　出货报告　/ 144
6.2.6　成品出货的注意事项　/ 145
6.2.7　出货中异常情形处理　/ 145

第7章　仓库盘点

148

　　仓库管理是当今企业管理特别是物流管理中非常重要的一个环节。仓库内的物资周转的效率越高，说明了企业产品的市场周转率越快，企业的经营效果就越好，仓库内的物资差错率越低，保管率越好，说明企业的综合管理水平越高。仓库的物资的数量越准确，越详细，直接指导企业的经营决策，也是为企业提供财务数据，知道家底的一个最重要的手段。为了让仓库的管理工作细致，物资完好，数据准确，发挥仓库在物流中的效应，在管理中的作用中最重要、最基础的一个手段就是抓好仓库的盘点工作。

7.1　盘点的作用・/ 148

7.1.1　让企业了解物资的库存量，提供经营决策的依据　/ 148
7.1.2　让企业了解仓库及其他方面的管理是否规范　/ 149
7.1.3　让仓库管理人员更好地执行规定　/ 149
7.1.4　是检查仓库现场管理的一个有效手段　/ 149

7.2　盘点的方法・/ 149

7.2.1　定期盘点和循环盘点　/ 150
7.2.2　账簿盘点和实地盘点　/ 150

7.3 盘点工具表格 / 151

7.3.1 盘点传票 / 152
7.3.2 盘点卡 / 152
7.3.3 盘点架 / 153

7.4 盘点的程序 / 155

7.5 盘点准备 / 155

7.5.1 盘点前的清理工作 / 156
7.5.2 盘点前生产线退料 / 157
7.5.3 盘点培训 / 157
7.5.4 校正度量仪器，准备盘点工具 / 158

7.6 实施盘点 / 158

7.6.1 初盘作业 / 158
7.6.2 复盘作业 / 159

7.7 盘点结果统计 / 160

7.7.1 统计盘点结果 / 160
7.7.2 根据盘点结果填写相应表单 / 160

7.8 盘点差异确认与处理 / 161

7.8.1 盘点差异确认 / 162
7.8.2 盘点差异处理 / 162
7.8.3 调整账面存量 / 163

第8章 智慧仓储管理

智慧仓储是指在仓储管理业务流程再造基础上，利用RFID（射频识别）、网络通信、信息系统应用等信息化技术及先进的管理方法，实现入库、出库、盘库、移库管理的信息自动抓取、自动识别、自动预警及智能管理功能，以降低仓储成本、提高仓储效率、提升仓储智慧管理能力。智慧仓储是当今仓储行业变革的重要方向，主要是针对传统仓储行业人力成本高、仓储效率慢、仓储管理复杂等问题结合现代科技设计的一套仓库管理系统。

8.1 智慧仓储概述 / 165

    8.1.1 智慧仓储的任务 / 165
    8.1.2 智慧仓储的功能 / 166
    8.1.3 智慧仓储管理的好处 / 166
    8.1.4 智慧仓储技术的应用 / 167

8.2 更新仓储硬件设施 / 168

    8.2.1 RFID电子标签系统 / 168
    8.2.2 自动化运输系统 / 168
    8.2.3 自动分拣系统 / 170
    8.2.4 机器人分拣系统 / 173
    8.2.5 货到人拣选系统 / 175
    8.2.6 语音自动化拣选系统 / 176

8.3 建设智慧仓储软件系统 / 178

    8.3.1 RFID仓储管理系统 / 178
    8.3.2 WMS智能仓储管理系统 / 185
    8.3.3 WCS仓储控制系统 / 188

8.4 智能机器人的应用 / 191

    8.4.1 AGV机器人 / 191
    8.4.2 码垛机器人 / 192
    8.4.3 分拣抓取机器人 / 193

第1章 仓储的规划与布局

> **引言** 仓储规划是在对各种仓储行为进行整体的规划，对于仓储模式、仓储设施、储存空间、信息管理系统等进行决策及设计。通过合理的仓储规划可以有效地提高仓储的工作效率，减轻仓储工作人员的作业难度，更可直观地对仓储作业活动进行调控。

1.1 仓储规划

1.1.1 仓储规划原则

仓储规划必须遵循一定的原则，通过具体的需求分析，实现能力与成本的合理规划，使系统既能满足库存量和输送能力的需求，又能够降低设计成本。具体如图1-1所示。

1	总体规划原则	在进行布局规划时，要对整个系统的所有方面进行统筹考虑。对该系统进行物流、信息流、商流的分析，合理地对"三流"进行集成与分流，从而更加高效、准确地实现物料流通与资金周转
2	最小移动距离原则	保持仓库内各项操作之间的最经济距离，物料和人员流动距离能省则省，尽量缩短，以节省物流时间，降低物流费用
3	直线前进原则	要求设备安排、操作流程能使物料搬运和存储按自然顺序逐步进行，避免迂回、倒流
4	充分利用空间、场地原则	包括垂直与水平方向，在安排设备、人员、物料时应予以适当的配合，充分利用空间，但也应保持设备的适当空间以免影响工作

图1-1

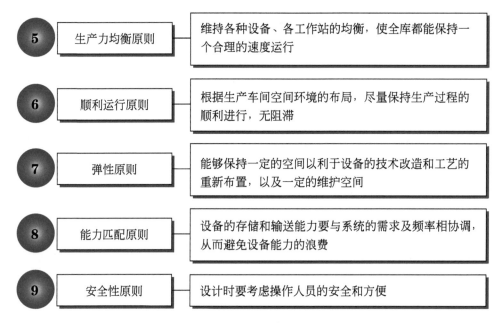

图1-1 智能仓储设备配备原则

1.1.2 仓储规划注意事项

企业在做仓储的规划时,应注意以下事项。

(1)设备技术选择成熟且先进的,不选过时的;选择效率适当高的,不选最高的。

(2)方案尽量设置成柔性的、可扩展的。

(3)规模的产能设计不要超前太多或预估太紧。

(4)尽可能少客户化,尽可能可替代性强一些。

(5)尽可能降低人力投入,降低人的劳动强度,尽量降低人的操作技能难度,尽量减少差错率。

(6)化繁为简,化难为易。

(7)能向纵向空间的,尽量少向平面。

(8)工艺方案中进出流量要平衡,切忌出现瓶颈。

> **提醒您:**
>
> 无论采用多么先进的智能装备与软件,都必须考虑企业的实际情况,即要有属于企业自己的仓储管理方案。

1.2 仓储系统性的规划

不同的仓储可以有很多种分类方式，再根据不同的行业环境、设施环境等，又会有不同的规划结果。企业在仓库规划中既要关注细节，也要注意顶层设计。仓储是物流中的一个战略节点，仓储规划的局限性会影响物流系统的全局性。环球物流咨询公司的黄尧笛对此有深入研究，他在微信公众号"环球物流咨询规划"上将仓储系统性的规划总结为如下五个步骤。

1.2.1 认识——从供应链全局看仓储

对仓储进行规划，从专业的规划角度出发，首先要从供应链的角度看，不能生硬地套用一些专业术语，可以把供应链的结构当作一个理解事物的工具，理解我们将要规划的仓储是处在一个什么样的环境中。从这样的视角去规划可以带来图1-2所示的好处。

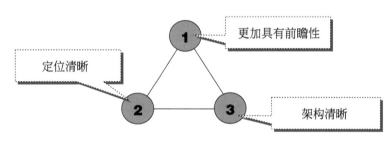

图1-2　从供应链全局看仓储所带来的好处

（1）更加具有前瞻性

纵观全局，有助于更加清晰地理解当前所规划的节点在当前应该解决什么问题，可能出现什么风险，在未来可能会发生什么样的演变，帮助客户从专业的角度和更为宏观的角度去审视和理解后面将要陈述的方案。

（2）定位清晰

对于不同仓储节点功能下的规划，所规划的要素参数一定不同，简单来说，原料仓和成品仓中，流程要素大多一样，但是作业方式和作业效果可能完全不同，所以从全局的角度把仓储定位搞清楚，规避可能出现的偏差。

（3）架构清晰

物流活动是由供应链（企业运营）而触发，那么在对当前活动进行规划时，必然需要了解触发的原因，用技术化的语言来说，就是要做好接口，将仓储模块化，当上游发生变化的时候，仓储这个模块，或者仓储里的子模块可以很好地去调整内部结构和过程。

所以，第一步需要认识你所需要规划的对象，从上往下看会更加清晰。

1.2.2 理解——存储对象的特征分析

深刻理解仓储中的对象，核心对象主要是以存储的物料为主，仓库中的物料很多，有的会有数万种SKU（库存量单位），那么就得进行分类。分类方式有很多，可以按大小、品类、管理方式来分类。总之，具体问题具体分析，理解仓储中的对象特征，才能进行最合理的规划。理解存储对象可以参考如下几个方面。

（1）从物料物理属性分析

分析物料的物理属性是对存储对象最基础的认识，分析所要规划对象的外形特征——长、宽、高，便于容器和货位尺寸的规划，梳理存储对象所需要的存放条件，比如温度要求、通风要求、消防要求、摆放要求等。从不同的行业看，零售、化工、汽车零部件、医药、装备零部件等，无穷无尽的物料在某个仓库里存储和分拣，因此对于物料物理属性的分析是首要的，也是必不可少的，这个过程我们也可以看成对一个静态环境的分析。

（2）从数据特征分析

对仓储对象进行数据分析是另一个重要的分析环节，最通用的分析方式就是EIQ（E指"Entry"，I指"Item"，Q指"Quantity"，即从客户订单的品项、数量、订货次数等方面出发，进行配送特性和出货特性的分析），基于前面的物料分类，然后对其按订单、物料（商品）等多维度进行分析，找出分类对象在一个动态环境中的特征。物料的进出作业可能存在季节性，存在高频次和低频次，每一天可能也存在多个波次。

对于数据特征分析的方法，根据仓储规划的需要，可以大致分为如图1-3所示的两种类型。

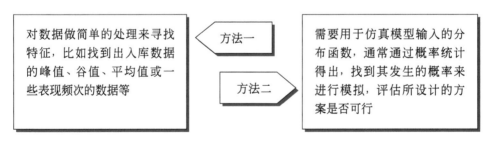

图1-3 数据特征的分析方法

（3）从运作流程分析

在仓储规划中，对流程分析或配置是串连整个仓储活动最重要的步骤之一，为了对仓储流程分析得更清晰，我们可以构造一个流程的模型，分为多层级，第一层级是最主要的几个活动，比如入库、理货、上架、分拣等；第二层级就可以按对象进行细分，不同的物料对象分类下可能会用到不同的流程或活动，比如有的物料只用一次分拣，有的需要二次分拣，有的甚至需要越库操作，所以要按具体活动分清楚，越是精细化的仓储生产力评估就越要进行细分，因为每一个活动都会用到"资源"，产生成本。

1.2.3　改造——核心设计仓储布局

前面的分析最终都会在仓储布局上进行直观的体现，仓储布局实际是对仓储内的所有对象进行重组，只是看精细程度。

（1）如果只是到大的功能区，那么可以将功能区作为对象进行拆分，通常主要功能区和次要功能区加在一起一共会有10～20个功能区（同类功能区可能会有多个分区），将这些功能区按一定的逻辑进行布置就可以完成简单的仓储布局。

（2）如果需要做精细化的仓储布局，甚至要进行货位详细设计，那相对会更复杂，随着技术的发展，更多的仓储会通过智能化的调度来实现仓储作业，这样仓储的布局会更加灵活，完全颠覆之前的布局方法。

（3）仓储布局里对象拆分得越细，要求的效率越高，那么随机存储、货到人拣选这样的智能化方式会被广泛应用，这样布局的方法会更多地使用启发式的算法去寻优解决。

1.2.4　评估——系统评价

系统性评估是仓储规划的一个非常重要的步骤，这里需要从系统论的角度来看待仓储规划，也只有把仓储作为一个"系统"，才能解释仓储规划的所有逻辑。

从作业流程的角度，把流程作业中人、设备、功能区等看成服务台，仓储中需要处理的货物形成队列，将服务台串联，上一个流程完成的作业量，到下一个流程又形成了新的队列，这就是系统，有输入也有输出。通过仿真模拟作业过程中人、设施、设备的资源利用率，也就是忙闲程度，就可以从仿真的角度对所规划的仓储系统进行生产力评估。

> **提醒您：**
> 在进行系统评估时可以根据具体需要评估的内容选择指标，完整的仓储评估指标会有上百个，不一定每个规划中都会关注所有的内容，企业应根据运作环境、功能需求等方面的具体情况来构建需要评估的指标体系。

1.2.5　实施——运作支持

仓储规划肯定需要落地实施，所以还需要考虑操作中所需要的设备配置、信息化需求,以及该仓库需要用什么样的建筑条件来匹配。在仓储规划中将流程进行细分,设备和信息化都按照流程中的操作需求进行匹配,并在系统评估的时候选出最佳方案。

(1)设备配置

按仓储规划进行规划的模型中将仓储流程进行细分后,每一步操作都会按照流程活动进行,从系统模型的角度看,设备的操作无非是在处理"数据",这个"数据"可以是"托",也可以是"方"或是其他的物流单位。设备的配置根据规划的需求,有的规划有明确的预算,那么以预算作为约束,来进行最优化配置,如果仓储追求示范效应,那么可以参考智能化的标准来在合理范围内进行配置。总之,根据作业要求、高效的运作、合理的成本来对设备的配置进行约束,追求用科学的方式来配置设备。

(2)信息化需求

信息化需求也是仓储规划中的必备要素,现在大多数的仓储都有信息化工具,随着数字化供应链的推广,对于仓储的信息化要求也越来越高,不论是上下游模块间的对接,还是在数字化决策支持,以及可视化管理方面,都在不断改进。

因此,从仓储流程中的实际需求为出发点,考虑整个仓储的功能定位,首先要对信息化需求做一个完整的架构,如覆盖哪些模块,交付哪些数据,达到什么样的管理要求。然后再对功能进行配置,与业务场景结合,这样才能实现既实用又具有扩展性和战略性的信息化建设。

(3)仓库建筑设计

有的仓储规划是先有了仓库再进行规划,有的是先考虑物流再进行仓库建设。在此建议,最好按后一种方式进行,因为从建筑的角度看,在一定的参数范围内进行设计和实施都是可行的,但是不一定最后选择的参数对于仓储作业来说都是最合理的。越复杂的仓储环境越需要优先考虑物流作业要求。在通过合理的仓储规划后,出具仓储功能区与设备的布局图纸,然后建筑设计院再在此基础上进行建筑设计,如果有相冲突的地方再协商调整。

1.3 仓库的具体规划

仓库规划对合理利用仓库和发挥仓库在物流中的作用来说有着重要意义。

1.3.1 仓库规划的总体要求

在组建、规划仓库时,本着方便、科学的原则,应符合表1-1所示的要求。

表1-1 仓库规划的总体要求

序号	要求	具体说明
1	符合工艺要求	（1）在地理位置上仓库须满足产品加工工序的要求； （2）相关仓区应尽可能地与加工现场相连，减少物料和产品的迂回搬运； （3）各仓区最好有相应的规范作业程序说明
2	符合进出顺利的要求	（1）在规划仓库时，要考虑物料的运输问题； （2）要尽可能地将进出仓门与电梯相连，并规划出相应的运输通道，同时充分考虑运输路线等问题
3	满足安全	仓库是企业主要物资的集散地，在规划时要特别考虑以下两点安全因素： （1）仓库要有充足的光、气、水、电、风、消防器材等； （2）需要防火通道、安全门、应急装置和一批经过培训的合格消防人员
4	分类存放	对所有物资进行分析，归纳分类，然后再进行分类储存： （1）常用物资仓可分为原材料仓、半成品仓和成品仓； （2）工具仓主要用于存放各种工具； （3）办公用品仓主要用于为仓库的日常管理提供各种常用办公用品； （4）特殊物料仓主要针对有毒、易燃易爆品等进行专门存放处理

1.3.2 仓库规划的主要内容

仓库规划的主要内容如下所述。

（1）仓库的合理布局。

（2）仓库的发展战略和规模，如仓库的扩建、改造任务等。

（3）仓库的机械化发展水平和技术改造方向，如仓库的机械化、自动化水平等。

（4）仓库的主要经济指标，如仓库主要设备利用率、劳动生产率、仓库吞吐储存能力、储存能力利用率、储运品质指标、储运成本的降低率等。

因此，仓库规划是在仓库合理布局和正确选择库址的基础上，对库区的总体设计、仓库建设规模以及仓库储存保管技术水平的确定。

1.3.3 仓库位置的确定

货仓部门的位置因厂而异，它取决于各工厂实际需要。在决定货仓部门的位置时，应该考虑以下因素。

（1）物料验收、进仓、储存是否容易。

（2）物料发料、搬运、盘点是否容易。

（3）物料储存是否安全。

（4）有无扩充的弹性与潜能。

1.3.4 仓库总平面布置

仓库总平面布置是指对仓库的各个组成部分，如库房、货棚、货场、辅助建筑物、铁路专用线、库内道路、附属固定设备等在规定的范围内进行平面和立体的全面合理安排。仓库总平面布置应该满足图1-4所示的要求。

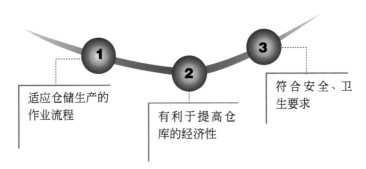

图1-4　仓库总平面布置应该满足的要求

（1）适应仓储生产的作业流程

库房、货棚、货场等储放场所的数量和比例要与储存物资的数量和保管要求相适应，要保证库内物资流动方向合理，运输距离最短，作业环节和次数最少，仓库面积利用率最高，并能做到运输通畅，方便保管。

（2）有利于提高仓库的经济性

布置时要考虑地形、工程地质条件等，因地制宜，使之既能满足物资运输和存放的要求，又能避免大挖大掘，减少土方工程量。平面布置应该与竖向布置相适应，既满足仓储生产上的要求，有利于排水，又要充分利用原有地形。

> **提醒您：**
> 总平面布置应能充分合理地利用库内的一些固定设备，以充分发挥设备的效能，合理利用空间。

（3）符合安全、卫生要求

库内各区域间、各建筑物间应该留有一定的防火间距，同时要设有各种防火、防盗等安全保护设施。此外，库内布置要符合卫生要求，考虑通风、照明、绿化等情况。

1.3.5 仓库竖向布置

企业需要确定场地平面布局等各种因素（如库房、货场、专用线、道路、排水、供电）在地面标高线上的相对位置。仓库竖向布置要与总平面布置相适应，充分考虑各方面的条件和因素，使之既满足仓储生产的需要，又符合安全生产的要求。

1.4 仓位规划

仓位规划是指为了方便作业、提高库场利用率和作业效率、提高货物保管质量，依据专业化、规范化、效率化的原则对仓库的使用进行分工和分区的规划。

1.4.1 仓库区位规划设计

货仓区位的规划设计应满足的要求如下所述。

（1）仓区要与生产现场靠近，通道顺畅。

（2）每仓要有相应的进仓门和出仓门，并有明确的标牌。

（3）按储存容器的规格、楼面载重能力和叠放的高度限制，将仓区划分若干仓位，并用油漆或美纹胶在地面标明仓位名、通道和通道走向。

（4）仓区内要留有必要的废次品存放区、物料暂存区、待检区、发货区等。

（5）仓区设计，须将安全因素考虑在内，须明确规定消防器材所在位置、消防通道和消防门的位置、救生措施等。

（6）仓库的办公室尽可能地设置在仓区附近，并有仓名标牌。

（7）测定安全存量、理想最低存量或定额存量，并有相应的标牌。

（8）各仓库的进仓门处须张贴仓库平面图，能够反映该仓库所在的地理位置、周边环境、仓区仓位、仓门各类通道及门、窗、电梯等内容。

1.4.2 确定货仓仓位大小

通常物料的最高存量、最低存量与正常存量会决定仓位的大小。

（1）仓位大小若取决于最低存量，则显然仓位太小，常出现为腾出仓位而辗转搬运或无仓位的现象。

（2）仓位大小若取决于最高存量，常会造成仓位过大的现象。

因此，通常以正常存量来决定仓位的大小。

1.4.3 仓位的具体规划

企业在具体规划仓位时，要根据物料的进出库规律及时调整货区和货位。

（1）预留机动货区

预留机动货区的目的是巩固分区分类和暂时存放而单据未到或待验收、待整理摊、待分类、待商检等场地之用。通常在整个仓库划分货区时，应预先留出一定面积作为机动货区；其大小可视仓库业务性质、物料储存量及品种的多少、物料性质和进出频繁程度以及仓储设备条件而定。

> **提醒您：**
>
> 有了机动货区，如果某些物料入库数量超过固定货区容纳量，就可在机动货区暂存，待以后移回原固定货区，避免到处寄存，造成管理混乱。

（2）收料区域的设置

仓库要设有特定的收料区用于暂放所购进的物料。此收料区可划分为三个区域，具体的分区及各自的用途如图1-5所示。

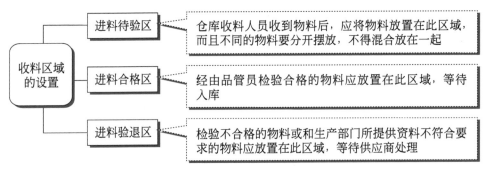

图1-5 收料区域的设置

将各区域进行划分，并挂上标识牌。

1.5 货位规格化

货位,即货物储存的位置。企业应做好货位布置,以便合理地存放各种物料。

货位规格化就是运用科学的方法,通过周密的规划设计,进行合理分类、排列(库房号、货架号、层次号和货位号),使仓库内物料的货位排列系统化、规范化。其目的一方面是提高仓库平面和空间利用率,另一方面是提高物品保管质量,方便进出库作业,从而降低物品的仓储处置成本。

1.5.1 货位规格化的主要依据

实行货位规格化的主要依据是物品分类目录、物品储备定额以及物品本身物理、化学性质等的自然属性,具体如图1-6所示。

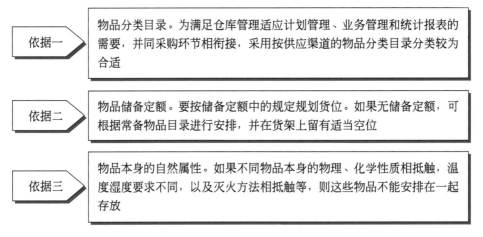

图1-6 实行货位规格化的主要依据

1.5.2 货位规格化的基本思路

（1）根据物品特性分区分类储存，将特性相近的物品集中存放。

（2）将单位体积大、单位质量大的物品存放在货架底层，并且靠近出库区和通道。

（3）将周转率高的物品存放在进出库装卸搬运最便捷的位置。

（4）将同一供应商或者同一客户的物品集中存放，以便于进行分拣配货作业。

1.5.3 货位规格化的形式

1.5.3.1 平面布置

平面布置是指对货区内的货垛、通道、垛间距、收发货区等进行合理的规划，并正确处理它们的相对位置。平面布置的形式可以概括为垂直式布局和倾斜式布局。

（1）垂直式布局，是指货垛或货架的排列与仓库的侧墙互相垂直或平行，具体包括横列式布局、纵列式布局和纵横式布局。

① 横列式布局，是指货垛或货架的长度方向与仓库的侧墙互相垂直。这种布局的主要优点是：主通道长且宽，副通道短，整齐美观，便于存取查点，如果用于库房布局，还有利于通风和采光。

② 纵列式布置，是指货垛或货架的长度方向与仓库侧墙平行。这种布局的优点主要是可以根据库存物品在库时间的不同和进出频繁程度安排货位：在库时间短、进出频繁的物品放置在主通道两侧；在库时间长、进库不频繁的物品放置在里侧。

③ 纵横式布局，是指在同一保管场所内，横列式布局和纵列式布局兼而有之，可以

综合利用两种布局的优点。

（2）倾斜式布局，是指货垛或货架与仓库侧墙或主通道成60°、45°或30°夹角。具体包括货垛倾斜式布局和通道倾斜式布局。

① 货垛倾斜式布局，是横列式布局的变形，它是为了便于叉车作业、缩小叉车的回转角度、提高作业效率而采用的布局方式。

② 通道倾斜式布局，是指仓库的通道斜穿保管区，把仓库按不同作业特点划分，如大量存储和少量存储的保管区等，以便进行综合利用。这种布局形式，仓库内形式复杂，货位和进出库路径较多，如图1–7所示。

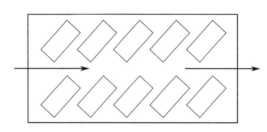

图1-7　通道倾斜式布局

1.5.3.2　空间布局

空间布局是指库存物品在仓库立体空间上布局，其目的是充分有效地利用仓库空间。空间布局的主要形式有：就地堆码、上货架存放、加上平台、空中悬挂等。

其中使用货架存放物品有很多优点，概括起来有以下几个方面。

（1）便于充分利用仓库空间，提高库容利用率，扩大存储能力。

（2）物品在货架里互不挤压，有利于保证物品本身和其包装完整无损。

（3）货架各层中的物品，可随时自由存取，便于做到先进先出。

（4）物品存入货架，可防潮、防尘，某些专用货架还能起到防损伤、防盗、防破坏的作用。

采用货架进行纵列式地布置，节省空间。

横向和纵向摆放相结合，便于使用。

1.6 货位编号

货位编号是将库房、货场、货棚、货垛、货架及物品的存放具体位置按顺序，统一编列号码，并作出明显标志。实行货位编号，对于提高物品收、发效率，仓储物品的检查监督和盘存统计以及仓管员之间的互助合作有很大作用。

1.6.1 货位编号原则

（1）唯一原则

唯一原则即库存所有物品都有自己唯一的编号，号码不能互相重复。

（2）系列化原则

编号要按物品分类的顺序分段编排。物品的编号不是库存所有物品的一般顺序号，而是运用分类的分段顺序号。编号的分段序列符合物品分类目录的分段序列。

（3）实用性原则

编号应尽量简短，便于记忆和使用方便。

（4）通用性原则

编号要考虑各方面的需要，使物品的编号既是货位编号，又是储备定额的物品编号，也是材料账的账号，还可以是计算机的物品代号。

1.6.2 货位编号的要求

货位编号好比商品在库的"住址"。根据不同库房条件、商品类别和批量整零的情况,搞好货位画线及编排序号,以符合"标志明显易找、编排循规有序"的要求。

(1)标志设置:采取适当方法,选择适当位置。例如:仓库标志,可在库门外挂牌;库房标志,可写在库门上;货场货位标志,可竖立标牌;多层建筑库房的走道、支道、段位的标志,一般都刷在水泥或木板地坪上。但存放粉末类、软性笨重类货物的库房,其标志也有印置在天花板上的;泥土地坪的简易货棚内的货位标志,可利用柱、墙、顶、梁刷置或悬挂标牌。

(2)标志制作:统一使用阿拉伯数字制作货位编号标志。在制作库房和走道、支道的标志时,可在阿拉伯数字外,再辅以圆圈;并且可用不同直径的圆表示不同处的标志。

(3)编号顺序:仓库范围的房、棚、场以及库房内的走道、支道、段位的编号,基本上都以进门的方向左单右双或自左而右的规则进行。

(4)段位间隔:段位间隔的宽窄取决于储存商品批量的大小。

货位标志。

1.6.3 货位编号的方法

1.6.3.1 地址法

利用保管区中的现成参考单位如建筑物第几栋、区段、排、行、层、格等,按相关顺序编号。如同地址的市、区、路、号一样。通常采用的编号方法为"四号定位"法。

"四号定位"是采用4个数字号码对应库房(货场)、货架(货区)、层次(排次)、货位(垛位)进行统一编号。

【例】"3-4-3-8"编号,就是指3号库房(3号货场)、4号货架(4号货区)、第3层(第3排)、8号货位(8号垛位)。

① 货架货位编号。库区号是整个仓库的分区编号,货架号则是面向货架从左至右编

号，货架层次号即从下层向上层依次编号，货架列号即面对货架从左侧起横向依次编号。

【例】3号库区2号货架第4层第3列用"3-2-4-3"表示。

编号时，为防止出现错觉，可在第一位数字后加上拼音字母"K"、"C"或"P"来表示，这3个字母分别代表库房、货场、货棚。如5K-8-3-18，即为5号库，8号货架，第3层，第18号。

【例】B库房3号货架第4层第2列用"BK-3-4-2"表示。

② 货场货位编号。货场货位编号一般有两种方法：按照货位的排列编成排号，再在排号内顺序编号；不编排号，采取自左至右和自前至后的方法，顺序编号。

【例】D库房3号货位4排2位用"DK-3-4-2"表示。

③ 以排为单位的货架货位编号。将库房内所有的货架，按进入库门的方向，自左至右安排编号，继而对每排货架的夹层或格眼，在排的范围内以自上至下、自前至后的顺序编号。

【例】4号库房设置16排货架，每排上下4层，共有16个格眼，其中第6排货架，第8号格眼用"4-6-8"表示。

④ 以品种为单位的货架货位编号。将库房内的货架，以商品的品种划分储存区域后，再以品种占用储存区域的大小，在分区编号的基础上进行格眼编号。

⑤ 以货物编号代替货架货位编号。适用于进出频繁的零星散装商品；在编号时要掌握货架格眼的大小、多少应与存放商品的数量、体积大小相适应。

【例】某类商品的编号从10101号至10109号，储存货格的一个格眼可放10个编号的商品，则在货架格眼的木挡上制作10101-10的编号，并依此类推。

1.6.3.2 区段法

把保管区分成不同的区段，再对每个区段进行编码。这种方法以区段为单位，每个号码代表的储区较大。区域大小根据物流量大小而定。

1.6.3.3 品类群法

把一些相关性商品经过集合后，分成几个品项群，再对每个品项群进行编码。适用于容易按商品群保管的场合和品牌差距大的商品。例如：服饰群、五金群、食品群等。

1.6.4 绘制货位图

货位图是指对仓库内存放货物的货位和通道的布置和确定，并通过货位编号对货位进行命名。

1.6.4.1 货位图的作用

（1）货物堆存计划制定

在进行堆存计划编制时，以货位图所反映的库场空位为安排货位的依据，并可在货位图上标注将要作业的货物和计划堆放货物的位置。实行计算机库场管理更是以货位图为基本工具。

（2）确定货物位置，查找货物

无论是库场人员还是作业部门、机械操作人员，要知道货物具体的堆放位置，都可以通过查阅货位图得到。使用货物图上的编号能够准确地表达出货物的具体位置，搬运工具操作人员可以准确地将货物送到或到场提货，作业人员不会把票据相同的货物混在一起。通过货位图可以迅速地查找货物的位置，避免错发错收货物。

（3）了解库场使用情况

通过货位图可以了解库场的使用情况。哪些货位空着，哪些货位存放着货物，存放的是什么货物，有多少货量等货物信息一目了然。这样不但本库场的管理人员随时能清楚了解库场使用情况，企业管理检查人员、其他环节作业人员、客户等业务往来人员都能够通过货位图了解货物情况。

（4）货位图的更新

当将货物堆放到货位，该位置被使用后，要及时地在相应的货位图上给予注明。当货物提走后，要及时更新信息，显示该货位空闲。货物数量发生变动时，要及时更改货物信息。要保证货位图能准确反映库场内的真实情况。

（5）货位合并使用

为了使大批量货物能够进库，库场经常将多个货位合并使用，货物集中存放。合并使用的货位必须是相连的临近货位，不能跨通道，处在库场的端头或侧面。合并使用货位时要注意巨大货垛的稳定性并要满足货物通风需要。

将物品的货位信息制作成看板，贴在物料架上。

各种零部件的货位信息都在表格上清楚展示。

1.6.4.2 货位图的绘制方法

为便于管理及提高工作效率,仓库内储存区域与货架分布情况可绘制物资货位图。常见的表示方法有两种,如图1-8所示。

物料货位图示例一

A 库: 货架 1、2、3、4、5 -------- 玩具类
　　　货架 6、7、8、9、10 -------- 办公用品
　　　货架 11、12、13、14 -------- 体育健身用品类
B 库: 洗涤用品
C 库: 货架 1、2、3 -------- 女性服装类
　　　货架 4、5、6 -------- 儿童用品类
D 库: 家用电器类

物料货位图示例二

品名	编号	库区号	货架号	货架层、列号
玩具熊	0015	A	1	3-1
城堡积木	0021	A	2	1-1
……				

图1-8 物资货位图

1.6.5 货位编号的注意事项

(1)物料入库后,应将物料所在货位的编号及时登记在保管账、卡的"货位号"栏

中，并输入电脑。货位输入的正确与否，直接决定出库货物的准确性，应认真操作，避免出现差错。

（2）当物料所在的货位发生变动时，账、卡的货位号也应进行调整，做到"见账知物"和"见物知账"。

（3）为了提高货位利用率，同一货位可以存放不同规格的物料，但必须采用具有明显区别的标志，以免造成差错。

（4）走道、支道不宜经常变动，否则不仅会打乱原来的货位编号，而且要调整库房照明设备。

数字表示货位，方便记忆。

1.7 选择货架

货架是专门用于存放保管物品的设施，它在保证物资本身的功能、减少货物的损失、便于清点管理以及仓库的机械化及自动化管理等方面有很大作用，因而货架的选择是很重要的。

H型货架，存放一般货物如电子器材，机械零配件等的小包装散件。

仓储笼可放于货架、流水线，笼下的轮子便于快捷搬运周转。

悬臂型的货架，专门存放钢管一类的链形物品。

货架两端有挡板，防止物料滑落。

阁楼形货架，每层都用顶板隔开。

1.7.1 普通货架

普通货架是目前仓库中广泛使用的一类货架。这类货架可以从不同的角度进行分类。

（1）按载重量可区分为轻型、中型和重型三种货架。

（2）按形状和用途可区分为H形、A形通用货架，条形货架，悬臂形货架，抽斗形货架等。

1.7.2 特殊货架

随着仓储专业化、机械化、自动化水平的提高，产生了各种不同类型的特殊货架，主要有以下几种。

（1）阁楼形货架

阁楼形货架的基本结构是在一层货架的顶部铺设顶板，再在其上安放一层货架。如果仓库的空间允许，还可以安装第三层货架。这种货架一般采用全装配式，拆装方便。使用这种货架，可以使仓库空间的利用率成倍提高。

（2）可进车货架

在仓库中，为了满足进出货物的要求，需要留出一定的通道。尤其是在利用机械进出货的仓库中，通道所占的面积更大，往往达到仓库面积的1/3～2/3，从而降低了仓库的平面利用率。为了减少通道的占用面积，专门设计了可进车的货架，使货架和通道成为一体。叉车进入货架内将货物卸放在临时搭置的阁楼货架上，然后顺序推移，直至装满仓库，而在取货时则从外向内按顺序进行。这种货架由于节省了通道占地，因而提高了仓库平面利用率。但是，这种货架不能满足"先进先出"的要求。

（3）传送带式货架

传送带式货架是将链式传送带、柱式传送带或滚轮式传送带安装在货架的间隔内并保持一定坡度，从一端放入的货物就会在本身重力的作用下，沿传送带迅速移动到另一端。整个仓库只需在进出货的两端设置通道，从而提高了仓库的平面利用率。这种货架可以满足"先进先出"的要求，经济效果较好。

（4）密集型货架

对仓库货架的排列，显然是排列得越密，仓库的利用率就越高。但是，由于必须要留足工人的操作通道和搬运机械的行走通道，因而货架不可能排列得太密。如果在地面上铺设轨道，货架沿轨道运动，就可以使货架紧密排列而无需设置通道，存取货物时，只需将货架沿轨道拉出室外进行存取操作。

（5）高层货架和立体仓库

为了节省用地，充分利用空间高度，工业发达国家近年来还大力发展了高层货架。高层货架是立体仓库的主要设施，它主要用于托盘等"单元组合货载"。在立体仓库中，一般不用叉车作业，而是采用沿货架运动的升降举货机。

1.8　自动化立体仓库

自动化立体仓库（Automated Storage and Retrieval System，简称AS/RS）又称高层货架仓库、自动存储系统，是现代物流系统的一个重要组成部分，在各行各界都得到了广泛的应用。

1.8.1 自动化立体仓库的优点

自动化立体仓库能充分利用存储空间，通过WMS可实现设备的联机控制，以先入先出的原则，迅速准确地处理货品，合理地进行库存数据管理。具体来说，自动化立体仓库具有如图1-9所示的优点。

1	提高空间利用率	充分利用了仓库的垂直空间，单位面积的存储量远大于传统仓库。此外，传统仓库必须将物品归类存放，造成大量空间闲置，自动化立体仓库可以随机存储，可以将任意货物存放于任意空仓内，由系统自动记录准确位置，大大提高了空间的利用率
2	实现物料先进先出	传统仓库由于空间限制，将物料码放堆砌，常常是先进后出，导致物料积压浪费。自动化立体仓库系统能够自动绑定每一票物料的入库时间，自动实现物料先进先出
3	智能作业账实同步	传统仓库的管理涉及大量的单据传递，且很多由手工录入，流程冗杂且容易出错。立体仓库管理系统与ERP系统对接后，从生产计划的制定开始到下达货物的出入库指令，可实现全流程自动化作业，且系统自动过账，保证了信息准确及时，避免了账实不同步的问题
4	满足货物对环境的要求	相较传统仓库，能较好地满足特殊仓储环境的需要，如避光、低温、有毒等特殊环境。保证货物在整个仓储过程的安全运行，提高了作业质量
5	可追溯	通过条码技术等，准确跟踪货物的流向，实现货物的可追溯
6	节省人力资源成本	立体仓库内，各类自动化设备代替了大量的人工作业，大大降低人力资源成本
7	及时处理呆滞料	部分物料由于技改或产品过时变成了呆料，忘记入账变成了死料，不能及时清理，既占用库存货位，又占用资金。立体仓库系统的物料入库，自动建账，不产生死料，可以搜索一定时间内没有操作的物料，及时处理呆料

图1-9　自动化立体仓库的特点

相关链接 自动化立体仓库与传统仓库对比，如表1-2所示。

表1-2 自动化立体仓库与传统仓库对比

对比项目	自动化立体仓库	传统仓库
空间利用率	充分利用仓库的垂直空间，其单位面积存储量远远大于普通的单层仓库（一般是单层仓库的4~7倍）	需占用大面积土地，空间利用率低
储存形态	动态储存：不仅使货物在仓库内按需要自动存取，而且可以与仓库以外的生产环节进行有机连接，使仓库成为企业生产物流中的一个重要环节；通过短时储存，可使外购件和自制生产件在指定的时间自动输出到下一道工序进行生产，从而形成一个自动化的物流系统	静态储存：只是货物储存的场所，保存货物是其唯一的功能
作业效率和人工成本	高度机械化和自动化，出入库速度快；人工成本低	主要依靠人力，货物存取速度慢；人工成本高
准确率	采用先进的信息技术，准确率高	信息化程度低，容易出错。
可追溯性	采用条码技术与信息处理技术，准确跟踪货物的流向	物料的名称、数量、主规格、出入库日期等信息大多以手工登记为主，数据准确性和及时性难以保证
管理水平	计算机智能化管理，使企业生产管理和生产环节紧密联系，有效降低库存积压	计算机管理很少，企业生产管理和生产环节紧密度不够，库存控制往往不准确
对环境要求	能适应黑暗、低温、有毒等特殊环境的要求	受黑暗、低温、有毒等特殊环境影响很大

1.8.2 自动化立体仓库的缺点

不可否认，自动化立体仓库具有如图1-10所示的缺点。

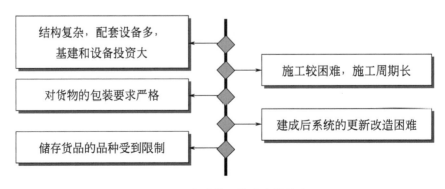

图1-10 自动化立体仓库的缺点

1.8.3 自动化立体仓库的功能

自动化立体仓库具有如图1-11所示的功能。

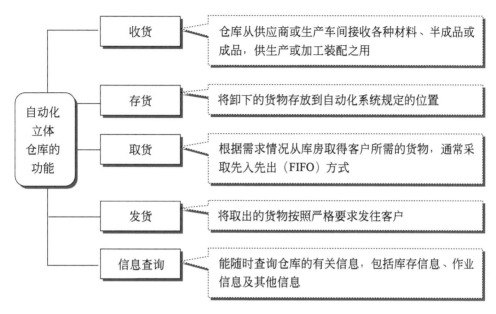

图1-11 自动化立体仓库的功能

1.8.4 自动化立体仓库的分类

目前自动化立体仓库的分类方法主要有以下几种。

（1）按照货架高度分类

按照货架高度，可将自动化立体仓库分为如表1-3所示的几类。

表1-3 自动化立体仓库按照货架高度分类

序号	分类	具体说明
1	低层立体仓库	低层立体仓库的建设高度在5米以下，一般都是通过老仓库进行改建的
2	中层立体仓库	中层立体仓库的建设高度在5米至15米之间，这种仓库对于仓储设备的要求并不是很高，造价合理，受到很多用户的青睐
3	高层立体仓库	高层立体仓库的高度能够达到15米以上，对仓储机械设备要求较高，建设难度还是较大的

（2）按照货架结构分类

按照货架结构，可将自动化立体仓库分为如表1-4所示的几类。

表1-4　自动化立体仓库按照货架结构分类

序号	分类	具体说明
1	货格式立体仓库	货格式立体仓库应用范围比较广泛，主要特点是每一层货架都是由同一个尺寸的货格组合而成的，开口是面向货架通道的，便于堆垛车行驶和存取货物
2	贯通式立体仓库	贯通式立体仓库的货架之间没有间隔，没有通道，整个货架组合是一个整体。货架是纵向贯通的，存在一定的坡度，每层货架都安装了滑道，能够让货物沿着滑道从高处移动
3	柜式立体仓库	柜式立体仓库主要适合小型的仓储规模，可移动，特点就是封闭性、智能化、保密性较强
4	条形货架立体仓库	条形货架立体仓库专门用于存放条形的货物

（3）按照建筑形式分类

按照建筑形式，可将自动化立体仓库分为如表1-5所示的几类。

表1-5　自动化立体仓库按照建筑形式分类

序号	分类	具体说明
1	整体式立体仓库	整体式立体仓库也叫一体化立体仓库，高层货架和建筑是一体建设的，不能分开，这样永久性的仓储设施采用钢筋混凝土构造而成，使得高层的货架也具有稳固性
2	分离式立体仓库	分离式立体仓库与整体式立体仓库不同，货架是单独建设的，是与建筑物分离的

（4）按照货物存取形式分类

按照货物存取形式，可将自动化立体仓库分为如表1-6所示的几类。

表1-6　自动化立体仓库按照货物存取形式分类

序号	分类	具体说明
1	拣选货架式	拣选货架式中分拣机构是其核心部分，分为巷道内分拣和巷道外分拣两种方式。"人到货前拣选"是拣选人员乘拣选式堆垛机到货格前，从货格中拣选所需数量的货物出库。"货到人处拣选"是将存有所需货物的托盘或货箱由堆垛机移至拣选区，拣选人员按提货单的要求拣出所需货物，再将剩余的货物送回原地
2	单元货架式	单元货架式是常见的仓库形式。货物先放在托盘或集装箱内，再装入单元货架的货位上
3	移动货架式	移动货架式由电动货架组成，货架可以在轨道上行走，由控制装置控制货架合拢和分离。作业时货架分开，在巷道中可进行作业；不作业时可将货架合拢，只留一条作业巷道，从而提高空间的利用率

（5）按照自动化程度分类

按照自动化程度，可将自动化立体仓库分为如表1-7所示的几类。

表1-7　自动化立体仓库按照自动化程度分类

序号	分类	具体说明
1	半自动化立体仓库	半自动化立体仓库是指货物的存取和搬运过程一部分是由人工操作机械来完成的，一部分是由自动控制完成的
2	自动化立体仓库	自动化立体仓库是指货物的存取和搬运过程是自动控制完成的

（6）按照仓库在物流系统中的作用分类

按照仓库在物流系统中的作用，可将自动化立体仓库分为如表1-8所示的几类。

表1-8　按照仓库在物流系统中的作用分类

序号	分类	具体说明
1	生产型仓库	生产型仓库是指工厂内部为了协调工序和工序、车间和车间、外购件和自制件间物流的不平稳而建立的仓库，它能保证各生产工序间进行有节奏的生产
2	流通型仓库	流通型仓库是一种服务性仓库，它是企业为了调节生产厂和用户间的供需平衡而建立的仓库。这种仓库进出货物比较频繁，吞吐量较大，一般都和销售部有直接联系

（7）按照自动化仓库与生产联系的紧密程度分类

按照自动化仓库与生产联系的紧密程度，可将自动化立体仓库分为如表1-9所示的几类。

表1-9　按照自动化仓库与生产联系的紧密程度分类

序号	分类	具体说明
1	独立型仓库	独立型仓库也称"离线"仓库，是指从操作流程及经济性等方面来说都相对独立的自动化仓库。这种仓库一般规模都比较大，存储量较大，仓库系统具有自己的计算机管理、监控、调度和控制系统。又可分为存储型和中转型仓库，如配送中心就属于这类仓库
2	半紧密型仓库	半紧密型仓库是指它的操作流程、仓库的管理、货物的出入和经济利益与其他厂（或内部，或上级单位）有一定关系，而又未与其他生产系统直接相连
3	紧密型仓库	紧密型仓库也称"在线"仓库，是指那些与工厂内其他部门或生产系统直接相联的自动化仓库，两者间的关系比较紧密

（8）按照仓储的功能分类

按照仓储的功能，可将自动化立体仓库分为表1-10所示的几类。

表1-10 自动化立体仓库按照仓储的功能分类

序号	分类	具体说明
1	储存式立体化仓库	储存式立体化仓库以储存功能为主，采用密集型货架。货物的种类较少，数量大，存期长
2	拣选式立体仓库	拣选式立体仓库是以拣选为主，货物种类较多，发货的数量小

1.8.5 自动化立体仓库的构成

自动化立体仓库的主体由货架、巷道式堆垛起重机、入（出）库工作台和自动运进（出）及操作控制系统组成。

（1）高层货架

通过立体货架实现货物存储功能，充分利用立体空间，并起到支撑堆垛机的作用。根据货物承载单元的不同，立体货架又分为托盘货架系统和周转箱货架系统。

（2）巷道式堆垛机

巷道式堆垛机是自动化立体仓库的核心起重及运输设备，在高层货架的巷道内沿着轨道运行，实现取送货物的功能。巷道式堆垛机主要分为单立柱堆垛机和双立柱堆垛机。

（3）出入库输送系统

巷道式堆垛机只能在巷道内进行作业,而货物存储单元在巷道外的出入库需要通过出入库输送系统完成。

常见的输送系统有传输带、穿梭车（RGV）、自动导引车（AGV）、叉车、拆码垛机器人等,输送系统与巷道式堆垛机对接,配合堆垛机完成货物的搬运、运输等作业。

（4）周边设备

周边辅助设备包括自动识别系统、自动分拣设备等，其作用都是扩充自动化立体仓库的功能，如可以扩展到分类、计量、包装、分拣等功能。

（5）自动控制系统

自动控制系统是整个自动化立体仓库系统设备执行的控制核心，向上连接物流调度系统，接收物料的输送指令；向下连接输送设备实现底层输送设备的驱动、输送物料的检测与识别；完成物料输送及过程控制信息的传递。

> **提醒您：**
>
> 自动控制系统主要采用现场总线的方式，控制设备工作。管理控制系统是自动化立体仓库的软件部分，它决定了自动化立体仓库可以自动化、智能化、无人化作业。

（6）仓储管理系统

仓储管理系统是对订单、需求、出入库、货位、不合格品、库存状态等各类仓储管理信息的分析和管理。该系统是自动化立体仓库系统的核心，是保证立体仓库更好使用的关键。

1.8.6 自动化立体仓库的布置规划

自动化立体仓库总体布置规划要点如下所述。

1.8.6.1 货物的单元形式、尺寸和重量的确定

立体仓库是以单元货物搬运为前提，为了合理地确定货物单元的形式、尺寸及重量，需要对入库货物的品种进行综合分析，根据分析结果确定仓储作业的主要货物单元形式、尺寸和重量，进行仓库的货架、作业机械的合理配置。

1.8.6.2 仓库型式和作业方式的确定

确定仓库的型式和作业方式应考虑仓储货物的品种及规格型号，具体要求如图1-12所示。

要求一	对一般货种，采用单元货格仓库
要求二	货种单一，而批量较大时，宜采用重力式货架仓库、动力式贯通仓库和穿梭小车式仓库

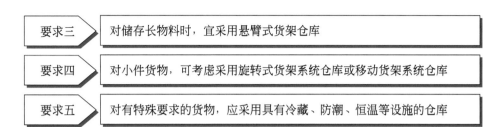

图1-12　仓库型式和作业方式的确定

1.8.6.3　货格尺寸的确定

在货物单元尺寸确定后，货格的尺寸主要取决于货物四周需留出的净空间大小和货架的结构尺寸，同时，还应结合搬运机械的停车位置确定货格的尺寸。

1.8.6.4　仓储机械设备的主要性能参数的确定

仓储机械设备的主要性能参数应根据仓库的运行规模、货物的品种和出入库频率等综合确定，主要是确定各个机构的工作速度，额定起重量等；对于输送机，则需确定其带宽、带速等；在确定各种仓储设备的速度时，应按照整个系统运行相协调的原则进行。

1.8.6.5　货架区与作业区的衔接方式的确定

立体仓库的作业区与货架区的衔接可采用堆垛机与叉车，堆垛机与自动导引小车（AGV），或与输送机配套来解决；也可采用出入库月台装卸系统与输送机系统相连的方式解决，在设计时应根据不同的需要确定不同的衔接方式。

1.8.6.6　货物单元出、入库形式的确定

货物在立体仓库内的流动形式有如图1-13所示的三种。

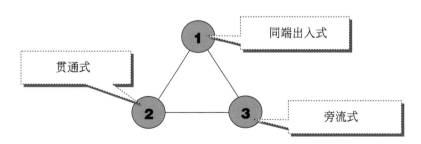

图1-13　货物在立体仓库内的流动形式

以上三种布置形式有着各自的优点，在选择时，应结合场地和整个系统流程来综合确定。

1.8.6.7 堆垛机轨道铺设形式的确定

堆垛机是立体仓库货架巷道作业的主要机械设备。堆垛机的数量应根据出入库频率和堆垛机的作业周期来确定，一般要求每个巷道中铺设一条轨道。实际上，由于堆垛机的行走速度一般都在80m/min，最高可达到160m/min，载货台的升降速度一般在20m/min，最高可达到60m/min，每个巷道的作业量一般都小于堆垛机的理论效率。因此，有必要在货架间安排一些弯道，方便堆垛机在不同巷道间的调动。

1.8.6.8 仓库出入库台形式的确定

出入库台应根据立体仓库的物流形式，在物流路径的终点设置。其形式应结合货物单元的出入库形式来确定，一般有同端出入库台、两端出、入库台和中间出、入库台。

> **提醒您：**
>
> 在进行立体仓库设计时，还应结合立体仓库仓储物流系统，对仓库的结构、消防、照明、信息化等提出相应的要求，以确保物流搬运系统的高效运作。

1.8.7 选择自动化立体仓库需考虑的问题

自动化仓库带来了更高的物流作业水准，同时也给企业带来了更高的成本。因此，企业在选择仓库自动化时应该考虑以下几个问题。

1.8.7.1 要对项目进行审视，着眼于实际业务需要，而不是为自动化而自动化

在考虑自动化的时候，还要考虑与它相配套的手工作业。事实上，基本上没有哪一个立体仓库是真正的立体仓库，任何立体库都是自动化与手工的结合。确定项目的时候，需要建立计划数据库。一般情况下需把未来3～5年内仓库的吞吐量、存储容量、订单货物的类别等要素考虑进去。

1.8.7.2 要进行技术评估，确定自动化是否适当

根据库房吞吐量和存储需要，可以确定是否需要自动化和自动化要达到的程度。按照作业水平可以把库房作业分成由低到高的四个层次，如图1-14所示。

随着库房作业复杂程度和库房容量的增长，企业的选择也会跟着变化。比如，当库房每小时处理的订单超过500个时，自动化作业就被提上议事日程了。

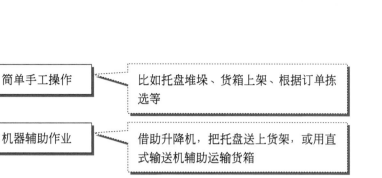

图1-14 库房作业的四个层次

1.8.7.3 要对设备的性能进行详细的审视

当确定有必要实施自动化以后，下一步就要对设备的性能进行详细审视。每个被选设备的可选特性只需通过"是/否"备选框，就可以挑选出来。

比如，对严格实行先进先出的库房来说，单倍深自动存储系统就足够了，无须采用双倍深的存储系统或密集的起重机系统。

对设备的特性进行如此细致的评估后，就能得出哪些设备是必须要配备的，哪些设备是可以舍弃不用的。这个过程结束后，可能只有两三种比较适合的方案留下来。进而对剩下的两三种方案进行全面成本比较，比较的时候要把相关的成本都考虑进去。

比如，在考虑设备资金投入的基础上，应把占用的空间、操作工的数量、维修与保养等都考虑进去。

一般来说，可能发生的具体成本支出包括如图1-15所示的内容。

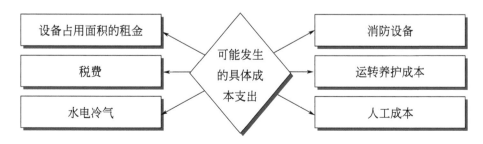

图1-15 可能发生的具体成本支出

需要注意的是，这些支出有的是一次性支付的，有的是分期支付的，企业应衡量每一种方案的年度运营支出。较为妥当的办法是根据设备的折旧年限和期望的报酬率，把与库房自动化项目相关的支出进行折现，比较每种方案的折现现金支出，就像住房按揭一样，把一次性或周期性的成本支出换算成一定年限内的平均支出来进行比较。

1.8.7.4　根据计划阶段设定的作业环境参数和意外情况，做敏感度分析

通过分析作业环境改变之后，最终选中的方案是否会发生改变，可以发现方案的潜在缺陷。这时，计算机仿真测试就会派上用场。

比如，测试自动存储系统的一个起重机发生故障后，对整体作业的影响，只需输入相关参数就可以了。

在重大自动化项目中，这是很有必要的，在计算机上对设计进行测试是非常容易的，当进入签约阶段后，发现设计不适合再想改变就难了。

通过逐渐缩小选择范围的方法，能把各个型号的自动化设备都考虑进去。只有通过这样彻底的分析，才能选中一个合适的自动化系统。

第2章 仓库物料管理的基础工作

引言 物料管理是对企业生产经营活动所需各种物料的采购、验收、供应、保管、发放、合理使用、节约和综合利用等一系列计划、组织、控制等管理活动的总称。而要做好物料管理，首先必须做好基础工作：物料编号、物料定位与标示、制作物料账卡。

2.1 物料编号

在现代化生产下，物料编号是进行物料正确有效管理的前提，尤其对于物料繁多的企业显得更为重要。

综合运用字母和数字进行编号。

各种零部件做好标识,并摆放整齐。

2.1.1 物料编号的含义

物料编号就是用编号来代表物料,每个物料有一个唯一的编号。物料的编号相当于人的身份证号码。在ERP系统中,物料编号是系统运作的基础。

物料的编号是所有物料在企业的户口,但是物料编号不需要包含太多的属性信息,仅仅把各个环节的人员共同关心的主要属性信息有所反映就可以了,如果试图将许多属性信息一起反映出来,那么势必会造成推广上的失败。

物料的编号涉及全公司,可能会涉及各个部门,在各个部门有着不同的价值判断,且都具有一定的合理性,设计部、生产部、采购部、财务部等对物的理解都是不同的,因而对于物的表达也不同,而编号要考虑各个相关部门的需求与具体的业务。

2.1.2 物料编号的作用

(1)增进物料资料的准确性。物料的领用、发放、请购、跟催、盘点、储存、保管、记账等一切物料管理事务性的工作均通过物料编号查核,物料管理较容易,准确率高,物料名称混乱的情况就不至于发生了。

(2)提高物料管理的效率。在物料管理中,用物料编号代替文字的记录,各种物料管理事务简单省事,效率增高。

(3)有利于ERP系统的管理。物料全部编号,配合电脑化系统处理,检索、分析、查询、计算都非常方便,效率变得非常高。

(4)减低物料库存、降低成本。物料编号有利于物料存量的控制,有利于呆料的防止,并提高物料活动的工作效率,减少资金的积压,降低成本。

（5）防止各种物料舞弊事件的发生。物料编码后，物料收支两条线管理，对物料进出容易追踪，物料记录也非常正确，物料储存保管有序，可以减少或防止物料舞弊事件的发生。

（6）便于物料的领用。每种物料都有唯一的物料编号，对物料的领用与发放非常方便，并能减少出错率。

2.1.3 物料编号的基本原则

物料编号应遵循简单、唯一性等原则，主要如表2-1所示。

表2-1 物料编号的原则

序号	原则	具体要求
1	简单	物料编号使用各种文字、符号、字母、数字来表示时尽量简单明了，不必编得太复杂，以利于记忆、查询、阅读、抄写等工作，并可减少错误
2	分类延展	对于复杂的物料，进行大分类后还要进行细分类，如五金类再细分为五金管材类、螺栓类等，管材类有不锈钢管、碳钢管等，不锈钢管又有不同的规格。所以编号时注意所选择的数字或字母要具有延展性
3	完整	在给物料编号时，所有的物料都应有对应的物料编号，这样的物料编号才是完整的。如果有些物料找不到对应的料号，则这个物料编号不完整，新的物料也应赋予新的料号
4	一一对应	一个物料编号只能代表一项物料，不能用一个物料编号代表数项物料，或数个物料编号代表一项物料
5	有规律	物料编号要统一，分类要具有规律性，不能这次编号按某一标准分，下次编号按另一标准分，这样很容易造成混乱
6	具有伸缩性	物料编号要考虑未来新产品、新材料存在发展扩充的情形，要预留一定的余地，产生的新材料也有对应的唯一的料号
7	有组织、有顺序	物料编号应有组织、有顺序，以便根据物料编号查询某项物料的资料
8	能适应电脑管理	要考虑使物料编号在电脑系统上查询方便、输入方便、检索方便
9	有足够的数量	物料编号所采用的文字、符号、字母、数字，必须有足够的数量，以便所组成的物料编号足以代表所有已出现和未出现的物料，否则将来遇特殊物料时无号可编，使电脑化的物料管理系统陷于瘫痪
10	易记忆	物料编号还应选择容易记忆、有规律的方法，有暗示和联想的作用，使人不必强制性记忆

2.1.4 物料编号的结构组成

物料编号的结构如下所示，即部组用一位数字表示（1~9），大类用一位数字表示

(1～9);中类用一位数字表示(1～9);小类用一位数字表示(1～9);具体型号用两位数字表示(01～99)。

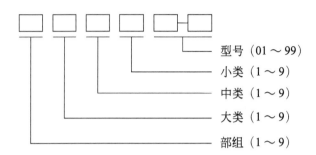

2.1.5 物料编号的方法

(1)数字法

数字法是以阿拉伯数字为编号工具,按属性方式、流水方式或阶层方式等进行编号的一种方法,如表2-2所示。

表2-2 数字法编号

类别	分配号码
塑胶类	01～15
五金类	16～30
电子类	31～45
包材类	46～60
化工类	61～75
其他类	76～90

(2)字母法

字母法是以英文字母为编号工具,按各种方式进行编号的一种编号方法,如表2-3所示。

表2-3 字母法编号

采购金额	物料种类	物料颜色
A:高价材料 B:中价材料 C:低价材料	A:五金 B:塑胶 C:电子 D:包材 E:化工	A:红色 B:橙色 C:黄色 D:绿色 E:青色 F:蓝色 G:紫色

（3）暗示法

暗示法是以字母或数字作为编号工具，进行物料编号的方法，如表2-4所示。字母数字与物料能产生一定规律的联想，看到编号能联想到相应的物料。

表2-4 暗示法编号

编号	螺丝规格（毫米）
03008	3×8
04010	4×10
08015	8×15
15045	15×45
12035	12×35
20100	20×100

（4）混合法

综合运用字母、数字、暗示的方法称作混合法，此种方法为最好的一种方法。

例如，电风扇塑胶底座（10）、高价（A）、ABS料（A）、黑色（B）、顺序号（003），其编号为"10-AAB-003"。

2.1.6 物料编号的注意事项

（1）集团的物料编号管理

一般需要专职部门统筹管理。如果分散管理，也要求各分公司遵循相同的编号原则。另外，集团内部各部门应该采用相同的编号规则对所有物料进行统一编号管理，这有利于集团的物料管理，也便于对外交流和协调。

（2）物料描述的规范性

物料命名不规范容易在使用过程中产生困惑。到目前为止，对于产品和物料命名还没有国际标准，也没有国家标准，也不存在行业标准，有一些企业制定了自己的命名规范，但在推广和执行过程中都遇到不同程度的阻碍，造成不规范的实际后果，这给物料规范化和标准化的实施带来较大困难。

要准确描述一个物料仅有名称是不够的，还需要辅助的规格、型号、图号、颜色、材质等属性。这些属性和名称的组合，如果没有规范定义排列位置，将产生混乱。

（3）物料编号与产品明细表

物料编号反映的仅仅是物料本身的技术性能和物理特征，而不反映它与产品之间的层次结构。物料与部件、产品之间的层次隶属关系由产品明细表确定。产品明细表如表

2-5所示。如果把产品的层次关系体现在物料编号里,不利于物料本身的管理,也不利于产品之间的物料借用。

同时,物料编号不但与产品明细表之间存在关系,也与工艺路线之间存在关系。

表2-5　产品明细表

产品名称					产品型号			
产品料号					客户			
阶数	料号	名称	规格	单位	标准用量	标准损耗率	来源	图号

确认:　　　　　　　　　审核:　　　　　　　　　制定:

（4）数据加工过程的信息失真

数据加工和传播过程往往伴随着信息失真,尤其是不同业务部门之间的信息传递,业务人员根据自己的需求加工数据更容易导致信息的失真和有歧义。如何避免数据加工过程中的信息失真,是情报学研究的范畴,目前还没有比较有效的方法。

数据加工的常用工具有Excel。在Excel中,可以方便地进行数据的排序、过滤、分列、合并和运算以及表与表之间的数据链接等操作,这些操作都可能产生数据的错乱,处理完成后一定要进行数据的校验。

2.2　物料定位与标示

将物料进行定位与标示,对于物料的查找使用和整理有很大作用。

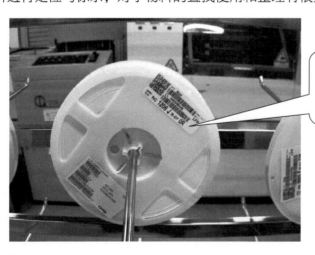

采用电脑条形码,便于管理。

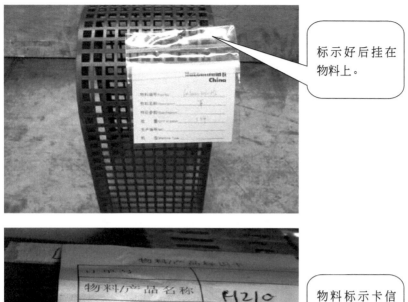

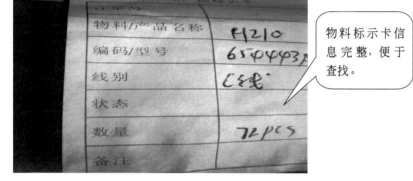

2.2.1 物料定位

同区内各物料的定位依据下述原则。

（1）以基准存量和容量预留空间，如图2-1所示。

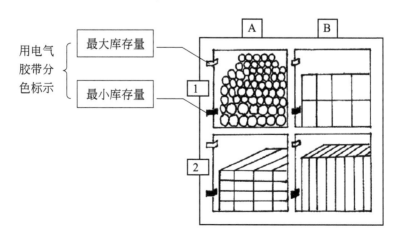

图2-1 物料定位以基准存量和容量预留空间

（2）进出频繁的物料，应考虑其装卸的便捷性。

（3）符合先进先出的存放方式。

（4）将各区的位置按货架或储柜等编号，如B02代表B区第2个货架，C10代表C区第10个货架。

（5）物料存放的货位号码填于账册的"存放地点"栏或"备注"栏，以方便了解物料储位，遵循先进先出的原则。

物料定位可设计一些定位卡来标示，如图2-2所示。

料位卡（一）

料位卡（专案）
编号 _____
品名 _____
规格 _____
单位 _____
数量 _____
基本用途 _____

（专案料品用：浅红色）

料位卡（二）

料位卡（备品）
编号 _____
品名 _____
规格 _____
单位 _____
数量 _____
基本用途 _____

（专案料品用：青绿色）

料位卡（三）

料位卡（滞料）
编号 _____
品名 _____
规格 _____
单位 _____
数量 _____
基本用途 _____
常存部门 _____

（专案料品用：黄色）

料位卡（四）

料位卡（一般）
编号 _____
品名 _____
规格 _____
单位 _____
数量 _____
基本用途 _____

（专案料品用：白色）

料位卡（五）

料位卡（包装、配件）
编号 _____
品名 _____
规格 _____
单位 _____
数量 _____
基本用途 _____

（专案料品用：朱红色）

图2-2　定位卡

2.2.2 物料标示

物料标示应遵循下列原则。

（1）建立物料卡，明确标示物料的编号、品名、规格、单位、数量、入厂日期等，如表2-6所示。物料进、出之后，其标示的数量、日期等内容应及时变更。

表2-6 物料管理卡

材料名称：			规格：		最高存量：			最低存量：			
材料编号：			存放位置：					订购量：			
日期（月日）	收发、领退凭单	收料记录			生产制令单号	领料单位	发料记录		结存记录			核对
		数量	单价	金额			数量	金额	数量	单价	金额	

（2）应保证不同批次的物料具有可追溯性。

（3）标示牌应用颜色管理区分不同性质的物料，如绿色区代表合格品区，黄色区代表待检暂存品区，红色区代表退货品区等。

标示卡要与物料一同放置，方便识别和使用。

各种工具也做好标示，并分开存放。

所有物料都要挂上标示卡。

2.3 物料账卡

物料账卡是为仓库物料所建立的档案卡,是为了方便物料的收发、方便账目的查询以及平时的盘点所设的。仓库物料建账应做到账物一致、卡证对应。

把物料卡分散悬挂在货架靠干道一侧明显的位置上,方便登记和管理。

根据物料的领用情况做好物料台账的登记。

2.3.1 什么是物料账卡

仓库物料建账应做到账物一致、卡证对应。仓库管理中通常所称的"账、物、卡、证"如下所述。

（1）账：仓库物料档案。

（2）物：仓库储存物料。

（3）卡：明确标示于物料所在位置而便于存取的牌卡。

（4）证：出入库的原始凭据、品质合格记录等。

2.3.2 物料卡管理要求

（1）物料卡的内容构成

物料卡上应记明：物料编号、物料名称、物料的储存位置或编号、物料的等级或分类（如主生产材料或A、B、C分类）、物料的安全存量与最高存量、物料的订购点和订购量、物料的订购前置时间（购备时间）、物料的出入库及结存记录（即账目反映）。

（2）物料卡的作用

① 起着账目与物料的桥梁作用。

② 方便物料信息的反馈。

③ 料上有账，账上有料，非常直观，一目了然。

④ 方便物料的收发工作。

⑤ 方便账目的查询工作。

⑥ 方便平时周、月、季、年度的盘点工作。

（3）物料卡的使用方式

物料卡一般由仓库保管员管理，它是仓库保管员根据物料入库单、出库单，用格式统一的卡片填制的。

物料卡管理的方式如下所述。

① 分散式，即把物料卡片分散悬挂在货垛或货架靠干道、支道一侧明显的位置上。在物料进出库时，随时登记物料进出仓数量和结存数量，用后挂回原处。

② 集中式，将物料卡片按顺序编好号，放在卡片箱里，物料出库时抽出来填写，用后放回原处。另外在货垛上还需挂一张写有物料名称和编号的标志卡。

2.3.3 物料台账

物料台账是记录每天发生的物料进出、物料收发、物料退货、物料报废等各种物料变化情况的最原始、最全面的统计资料。物料台账详细地记录了每一天、每一个部门，甚至每个人的物料领用和使用情况。

物料台账根据其功能、作用、部门的不同可分为几类，例如，仓库物料台账、产品物料台账、车间物料台账、个人物料台账等。

虽然物料台账的种类不一样，但一般都须包括材料耗用的项目，材料的类别，耗用标的如规格、型号、材料品质级别等。

（1）产品类材料统计台账

产品类材料统计台账是以产品为类别，将其生产过程中所耗用的全部材料进行统计的一种台账，如表2-7所示，使用该台账可以清楚掌握某种产品的材料成本。

表2-7　××产品材料耗用统计台账

产品名称：　　　　　　　　　数量：

材料类别	材料编号	材料名称	规格型号	品质等级	单位	计划数量	耗用登记						合计
							1日	2日	3日	4日	…	30日	31日	
原材料														
辅助材料														
包装材料														
低值易耗品														
其他材料														

复核：　　　　　　　　　　　统计：

（2）订单类材料统计台账

订单类材料统计台账是以订单为主线，将该订单所有产品的全部材料耗用进行统计，如表2-8所示，使用该台账可以掌握某一订单的材料耗用，进而计算该订单的材料成本。

表2-8 订单耗用材料耗用总表

订单号：　　　　　　　　　　　　　客户：

材料类别	材料编号	材料名称	规格	等级	单位	计划用量	耗用批次							合计
							1	2	3	4	5	6	7	
五金件														
电子元器件														
塑料材料														
辅助材料														
包装材料														
低值易耗品														
备注														

复核：　　　　　　　　　　　　　统计：

（3）车间类材料统计台账

如表2-9所示，车间类材料统计台账用于统计各车间的材料耗用情况，主要是用于车间的材料核算、各车间的业绩比较、同一车间不同时期的材料利用率统计等。

表2-9　××车间月物料耗用统计表

月份：

订单编号	产品代号	产品名称	生产数量	物料耗用				
				A	B	C	D	E

复核：　　　　　　　　　　　　　　统计：

（4）仓库类台账

仓库类台账是仓库物料进出的记录，主要有以下类型。

① 收货台账

收货台账是材料入仓时，仓库保管人员做收货记录的一种账目，如表2-10所示，它详细列明进仓材料的基本情况：采购者、检验员、收货员等。特殊情况如属让步收货、超量采购等，就注明在备注里。

表2-10　收货台账

时间：

序号	物料编号	物料名称	规格型号	单位	入仓数量	入仓日期	实收数量	品质等级	采购单号	入仓人员	检验员	收货员	储存位置	备注

复核：　　　　　　　　　　　　　　统计：

② 进销存账

进销存账是一种比较传统的仓库账目，它既有台账的作用，也可作为一种总账，如表2-11所示，它全面地反映每一天仓库的材料往来情况，但它又无法完全取代其他的账目，因为进销存账所反映的只是"进""出""结存"的状况，其他细节都忽略不计。

表2-11 进销存账

日期	材料名称	摘要	入仓		出仓		结存		备注
			数量	金额	数量	金额	数量	金额	

经理：　　　　　　　　　　　　　　　记账：

③ 发货台账

发货台账是详细记录发货情况的账目，如表2-12所示。发货应由专人负责，凭领料单发料，并分类进行登记，通过发料台账可以全面了解物料发放情况，也可以起到与其他账目核对的作用。

表2-12 发货台账

日期	物料编号	物料名称	单位	领用数量	领料单编号	用途	领料部门	领料员	备注

复核：　　　　　　　　　　　　　　　统计：

④ 明细账

为了便于对入库商品的管理，正确地反映商品的入库、出库及结存情况，并为对账、盘点等作业提供依据，仓库管理人员要建立实物明细账，以记录库存商品动态。

实物明细账可分为无追溯性要求的普通实物明细账和可追溯性要求的库存明细账两种。仓库管理人员要根据对物品的具体保管要求，选择适当的账册，对物品库存情况进行记录。

a.普通实物明细账。

主要是对只需反映库存动态的物品所做的记账，如表2-13所示。

表2-13　普通实物明细账

存货名称：　　　　存货编号：　　　　计量单位：
最高存量：　　　　最低存量：　　　　存放地点：

年		凭证		摘要	收入	发出	结存
月	日	种类	号码				

b.库存明细账

对有区分批次和有追溯性要求的商品，如企业生产所需的零部件、原材料等，可采用有可追溯性的库存明细账记账，主要内容如表2-14所示。

表2-14　库存明细账

存货名称：　　存货编号：　　规格：　　计量单位：　　库区：

年		凭证		摘要	收入		发出		结存		其中（A）			其中（B）			其中（C）		
月	日	种类	号数		批号	数量	批号	数量	批号	数量	批号	数量	库存	批号	数量	库存	批号	数量	库存

（5）个人台账

个人台账是对经常领料的人员或管理人员设立单独的领料记录账簿，进行专门的管理。如表2-15所示它主要是为了方便领料者的管理。

例如，车间的模具师傅会因为工作的需要经常领用一些供自己使用的材料和工具，因为这些材料的特殊性，不好归类也不不方便让其他人代领。所以，建立个人台账对于这部分物料的领用控制很有必要。

表2-15　个人台账

领料人员：　　　　　　　　领料部门：

序号	领料日期	领料单号	物料品名	料号	数量	备注

2.3.4　账目管理的要点

账目是物料管理的基础，它记录着仓储物料的静态状况和动态过程，仓库缺少了账目或账目出现错误与不完整，将对决策造成不良影响，使物料管理工作无法正常进行。为了做好账目管理，企业必须注意以下几点。

（1）指定专人负责记账。

（2）实行记账人与发料人分设，管物的不记账，管账的不管物，以堵塞漏洞。

（3）实行定期检查的制度，对账物进行核对，出现问题及时纠正并处理。

（4）落实账目管理责任制，对于出现的问题要追究责任。

（5）建立仓储日报制度，每日上报仓储情况。

（6）建立监督机制，使用权力牵制。

（7）完善表单硬件，以方便工作的开展。

（8）应完善仓库的其他相关配套管理，理顺账目管理的外部环境。

（9）完善盘点制度。

第3章　入库管理

> **引言**　物料入库是生产管理的重要组成部分，也是仓库管理的一个重要环节。做好物料入库控制工作，对于降低生产成本有重要作用。

3.1　入库准备

要想迅速、准确地接收每批入库存放物品，必须事先做好充分准备工作，可以防止由于突然到货而产生慌乱和迟延接收，能有效地进行入库作业。

在物品入库前，仓管员根据通知单了解所接收的物品。

整理好存放区域，准备验收场地。

物品入库前的准备工作一般有以下几个方面。

3.1.1　了解所接物品

当仓管员接到"收货通知单"（如图3-1所示）并确认其有效无误后，在物品到达之前主动与采购部门或供货商联系，了解物品入库应具备的凭证和相关技术资料如物品的性质、特点、保管事项等，尤其是新物品或不熟悉的物品要特别注意。

收货通知单

仓管部：
　　我公司向××有限公司订购的×××材料将于×年×月×日送达，请各仓库接到通知后做好收货的各项准备。

　　　　　　　　　　　　　　　　　　　　　　　采购部（签章）
　　　　　　　　　　　　　　　　　　　　　　　××年×月×日

图3-1　收货通知单

3.1.2　划分存放位置

仓管员在确定物品存放的位置时，要综合考虑仓库的类型、规模、经营范围、用途，以及物品的自然属性、保养方法等。常见的划分物品存放位置的方法有以下五种，仓管员需要根据物品的实际情况选择存放物品的方法。

（1）按物品的种类和性质分类储存

这是大多数仓库采用的分区分类储存方法，它要求按照物品的种类及性质，将其分类存放，以便于物品的保养。

（2）按物品的危险性质分类储存

这种分类储存的方式主要用于储存危险品的特种仓库。它按照物品的危险性质，对易燃、易爆、易氧化、有腐蚀性、有毒害性、有放射性的物品进行分开存放，避免相互接触，防止事故的发生。

（3）按物品的归属单位分类储存

这种方法主要用于专门从事保管业务的仓库。根据物品所属的单位对其进行分区保存，可以提高物品出入库的作业效率，同时也减少差错的发生。

（4）按物品的运输方式分类储存

这种分类储存方法主要用于储存期短，而进出量较大的中转仓库或待运仓库。它依据物品的发运地及运输方式进行分类保存。

(5)按物品存储作业特点分类储存

根据物品储存作业时具体的操作方法,将物品分类储存。例如,将进出库频繁,需严格按照"先入先出"的规律储存的物品存放在车辆进出方便、装卸搬运容易、靠近库门的区域;而将储存期较长,不需严格按照"先入先出"的规律储存的物品,储存在库房深处或多层仓库的楼上。

3.1.3 整理存放区域

确定物品的具体存放位置后,就需要对相应区域做适当的整理工作,从而便于物品的存放及保养。

(1)准备验收场地。
(2)腾出存放空间。
(3)做好现场清洁。
(4)备足苫垫用品。

3.1.4 组织人力

按照物品到达的时间、地点、数量等,预先做好到货接运、检验、堆码等人力的组织安排。

3.1.5 准备物力

根据接收物品的种类、包装、数量等情况及接运方式,确定搬运、检验、计量等方法,配备好所用车辆、检验器材度量衡器和装卸、搬运、堆码苫垫的工具,以及必要的防护用品用具等。

3.2 物料接收流程

接收物料的管理过程包括从收到收货通知单开始,到把物料存放到规定的位置为止的整个过程。因此必须有具体的接收流程予以保障。物料接收的具体步骤如图3-2所示。

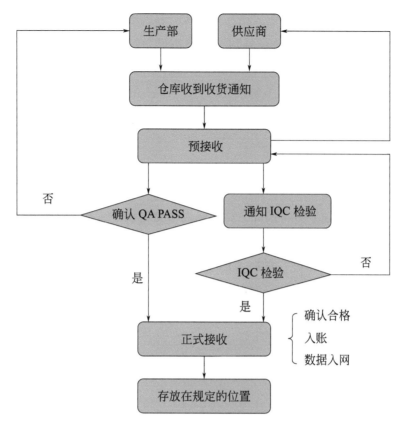

图 3-2 物料接收的具体步骤

3.2.1 预接收材料

（1）送货单（表 3-1）是接收材料的凭证，是完成采购订单的具体体现。仓管人员一旦在送货单上签了字，就意味着该物品被接收，也就可以办理其他入账关联手续。

表 3-1 送货单

TO： 地址：			电话：					编号： 日期：		
FROM： 地址：			电话：							
序号	订单号	品名	编号	规格	单位	数量	单价	金额	备注	

发货人：　　　　日期：　　　　　收货人：　　　　日期：

（2）预接收材料的方法。仓管人员在预接收材料时要按以下的方法进行。

① 确认实物、清点数量、检查外包装状态和供方的检验合格标记。如有任何问题，都要当面指出。

② 确认后，接收员在送货单上签字。

③ 将签字后的送货单复印一份交给送货人，原件登记后送IQC通知检验。

3.2.2 通知检验

通知IQC检验的方式主要有两种：开来料报告单和直接转交送货单。

（1）开来料报告单，通知品质部IQC进行检验

它详细地描述了过程要求，如检查期限、注意事项、编号、追溯、检查结果、处理结果等，有利于物料的管控。但这种方法要多开一次单，就显得比较麻烦。其具体的过程如图3-3所示。

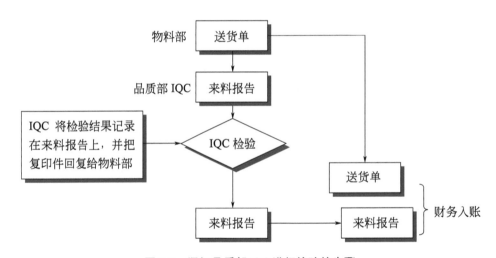

图3-3 通知品质部IQC进行检验的步骤

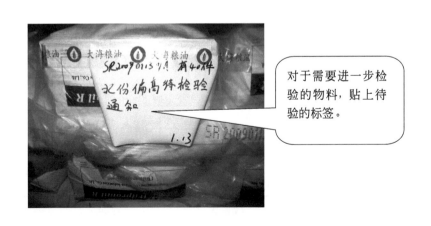

对于需要进一步检验的物料，贴上待验的标签。

（2）直接转交送货单，通知IQC检验

经过登记后在送货单上加盖本公司的编号印记直接使用。方法比较简单，但不容易追溯，一旦送货单遗失就无法查考了。其过程如图3-4所示。

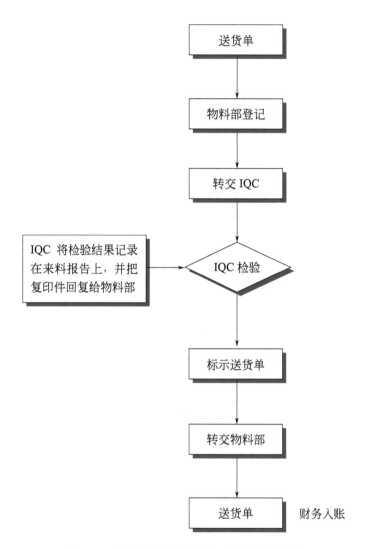

图3-4　直接转交送货单通知IQC检验的步骤

3.2.3　按检验结果处理物料

（1）检验后物料的标示

① 在送货单或来料报告上标注检验结果，如合格、不合格等。

② 在被检验的物料或其外包装上标注检验结果，如粘贴IQC合格、不合格标签等。

检验合格就贴上相应的标签。

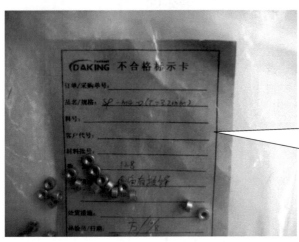

对于检验不合格的,将红色的不合格标示同物料一起存放。

（2）依据检验结果处理相关物料

① 如检验结果为合格时,将被检物料入账,并放置在规定的区域,同时将相关数据登记入账。

② 如检验结果为不合格时,物控部应通知市场采购部,看是否需要启动不合格品处理程序。如采购部回答为否时,物料部将该物料放置到不合格品区,并通知供应商在规定时间内拿走。

③ 如需要启动不合格品处理程序时,应在采购部的引导下由工程、品质、生产等部门共同研讨、决定处理方案,如挑选、特采等。

④ 物控部按上述决定结果对不合格品实施规定方法的处理。

其一,对挑选的物料放置到机动区。对选出的物料重新开来料报告单交IQC检验,检验结果合格时按合格品处理,不合格时退还给供应商。选剩的物料退还给供应商,并要求及时补料。

其二，将特采的物料挂上适当标志后按合格品处理。不过在发料时要识别特采物料，并按规定用途发料，以确保有效追溯。

按检验结果处理物料的过程如图3-5所示。

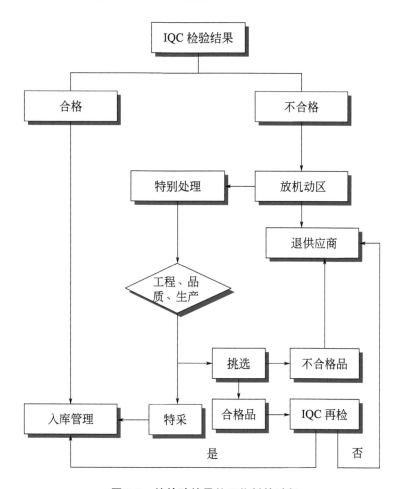

图3-5 按检验结果处理物料的过程

（3）在供应商现场已实施检验的物料的处理方法

物料部对于IQC在供应商现场已实施检验的物料，依据其标志按合格品处理。

3.3 实施检验

无论是物流企业、制造企业还是流通型企业，仓库收到物品后，在物品入库前，都应该根据企业自身的情况做好物品的验收工作，为物料的储存打下良好的基础。

入库前进行扫描，确保准确无误。

设置待验区放置需要进一步检验的物料。

全检室负责对所有的物料进行各方面的仔细质量检验。

验收依照业务的内容不同分为两种:一种是检验物品与运送单上的内容是否相符合,或是检查数量是否无误,以及确认外形包装上是否有问题的"检查验收"工作,如图3-6所示;另一种就是将买方的订购单与卖方缴货单及送货单等一一核对检查的"检验"工作。

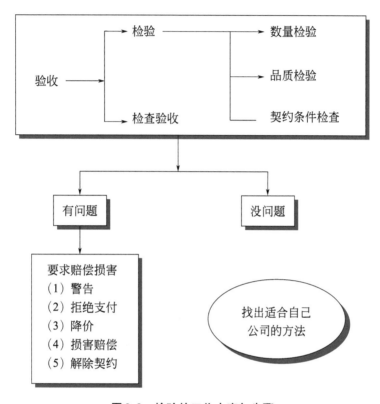

图3-6 检验的工作内容与步骤

检验的工作有以下三个基本要点。

3.3.1 数量检验

数量检验通常与检查接收工作一起进行。一般的做法是直接检验,但是当现货和送货单尚未同时到达时,就会实行大略式检验。另外,在检验时要将数量做两次确认,以确保数量无误。数量检验应注意以下问题。

(1)件数不符。在点收中,如发生件数与通知单(简称单)所列不符,数量短少,经复点确认后,应立即在送货单各联上批注清楚,应按实数签收。同时,由仓管人员与承运人共同签章。经验收核对确实,由仓管人员将查明短少物品的品名、规格、数量通知承运单位和供应商,并开出短料报告,要求供应商补料,如表3-2所示。

表3-2 短料报告

至：　　　　　　　　　　　　　　　出厂编码：
从：　　　　　　　　　　　　　　　交货期：

料号			
供应商		订单号	
来料日期		短料数量	
收料仓员		要求补回数量	
短料原因			
仓库主管核实		QC证明	
生产主管意见		请供货商在_____前补回短料数。	

（2）包装异状。接收物品时，如发现包装有异状，仓管人员应会同送货人员开箱、拆包检查，查明确有残损或细数短少情况，由送货人员出具物品异状记录，或在送货单上注明。同时，应另行堆放，勿与以前接收的同种物品混堆在一起，以待处理。

如果物品包装损坏十分严重，仓库不能修复。加上由此而无法保证储存安全时，应联系供应商派人员协助整理，然后再接收。未正式办理入库手续的物品，仓库要另行堆存。

（3）物品串库。在点收本地入库物品时，如发现货与单不符，有部分物品错送来库的情况（俗称串库），仓管人员应将这部分与单不符的物品另行堆放，待应收的物品点收完毕后，交由送货人员带回，并在签收时如数减除。如在验收、堆码时才发现串库物品，仓管人员应及时通知送货员办理退货更正手续，不符的物品交送货或运输人员提走。

（4）物品异状损失。这是指接货时发现物品异状和损失的问题。设有铁路专用线的仓库，在接收物品时如发现短少、水渍、玷污、损坏等情况时，由物控人员直接向交通运输部门交涉。如遇车皮或船舱铅封损坏，经双方会同清查点验，确有异状、损失情况，应向交通运输部门按章索赔。如该批物品在托运时，供应商另有附言，损失责任不属交通运输部门者，也应请其做普通记录，以明责任，并作为必要时向供应商要求赔偿损失的凭证。

在大数点收的同时，对每件物品的包装和标志要进行认真的查看。检查包装是否完整、牢固，有无破损、受潮、水渍、油污等异状。物品包装的异状，往往是物品受到损害的一种外在现象。如果发现异状包装，必须单独存放，并打开包装详细检查内部物品有无短缺、破损和变质。逐一查看包装标志，目的在于防止不同物品混入，避免差错，并根据标志指示操作确保入库储存安全。

3.3.2 品质检验

品质检验是确认接收的货物与订购的货物是否一致。对于物品的检验,还可以用科学的红外线鉴定法等,或者依照验收的经验及对物品的知识采取各种检验方法。

（1）检验物品包装

这是验收物品的首要工作。物品包装的完整程度及干湿状况与内装物品的质量有直接的关系。通过对包装的检验,能够发现在储存、运输物品过程中可能发生的意外,并据此推断出物品的受损情况。

① 当发现包装上有人为的挖洞、开缝的现象时,说明物品在运输的过程中有被盗窃的可能,此时要对物品的数量进行仔细的核对。

② 当发现包装上有水渍、潮湿时,表明物品在运输的过程中有被雨淋、水浸或物品本身出现潮解、渗漏的现象,此时要对物品进行开箱检验。

③ 当发现包装有被污染的痕迹,说明可能由于配装不当,引起物品的泄漏,并导致物品之间相互玷污,此时要将物品送交质量检验部门检验,以确定物品的质量是否产生了变化。

④ 当发现包装破损时,说明包装结构不良、材质不当或装卸过程中有乱摔、乱扔、碰撞等情况,此时包装内的物品可能会出现磕碰、挤压等情况,影响物品的质量。

对物品包装的检验是对物品质量进行检验的一个重要环节。通过观察物品包装的好坏可以有效地判断物品在运送过程中可能出现的损伤,并据此制定对物品的进一步检验措施。

（2）检验外观质量

对物品包装的检验只能判断物品的大致情况,对物品的外观质量进行检验也必不可少。物品外观质量检验的内容包括外观质量缺陷、外观质量受损情况及受潮、霉变和锈蚀情况等。

对物品外观质量的检验主要采用感观验收法,即用感觉器官,如视觉、听觉、触觉、嗅觉来检查物品质量的一种方法（见图3-7）。它简便易行,不需要专门设备,但是却有一定的主观性,容易受检验人员的经验、操作方法和环境等因素的影响。

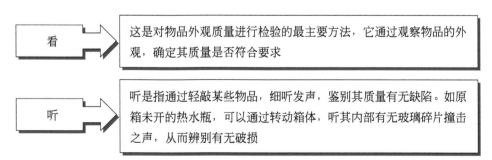

图3-7

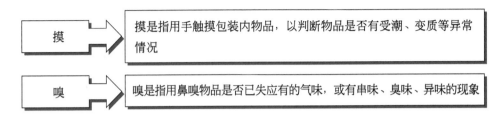

图 3-7　物品外观质量的检验方法

对于不需要进行进一步质量检验的物品，仓管人员在完成上述检验并判断物品合格后，就可以为物品办理入库手续了。

对于那些需要进一步进行内在质量检验的物品，仓管人员应该通知质量检验部门，对产品进行质量检验，待检验合格后才能够办理物品的入库手续。

另外，对物料的检查方式有全检和抽检两种，一般而言，对于高级品或是品牌物品都应做全面性检查，而对购入数量大或单价低的物品，则宜采取抽样性检查。

3.3.3　契约（采购）条件检查

检验关于采购的契约条件，例如商品品质、数量、交货、价格、货款结算等条件是否相符等。

3.4　入库登记

物品验收合格后，仓管员应该为物品办理入库手续，根据物品的实际检验及入库情况填写物品入库单，然后再对物品进行登账、设卡以及建档管理。

3.4.1 入库单填制

（1）入库单的种类

入库单是记录入库物品信息的单据，它应记录物品的名称、物品的编号、实际验收数量、进货价格等内容。

① 外购物品入库单

外购物品入库单是指企业从其他单位采购的原材料或产品入库时所填写的单据。它除了记录物品的名称、物品的编号、实际验收数量、进货价格等内容外，还要记录与采购有关的合同编号、采购价格、结算方式等内容，其具体格式如表3-3所示。

表3-3 物品入库单

采购合同号：　　　　　　件数：　　　　　　入库时间：

物品名称	品种	型号	编号	数量			进货单价	金额	结算方式	
				进货量	实点量	量差			合同	现款

采购部经理：　　　　　采购员：　　　　　仓管员：　　　　　核价员：

说明：该表一式三联，第一联留做仓库登记实物账；第二联交给采购部门，作为采购员办理付款的依据；第三联交给财务记账。

② 成品/半成品入库单

成品/半成品入库单是制造企业自己生产的产品储存仓库的凭证。它除了包括物品的基本信息外，还应该包括产品的生产日期、质量检验等内容，具体格式如表3-4所示。

表3-4 成品/半成品入库单

编号：　　　　　　□成品　□半成品　　　　　　入库日期：

物品名称	型号	规格说明	编号	数量	生产日期	批号	检验单号	备注

经办人：　　　　　复核人：　　　　　仓管员：

说明：产品入库单一般一式三联，一联留做仓库存根记账，一联交生产部，一联交财务部核算及记账。

（2）填制入库单

物品验收合格后，仓管员要据实填写物品入库单。在填写时，仓管人员应该做到内容完整、字迹清晰，并于每日工作结束后，对入库单的存根联进行整理，并且统一保存。

3.4.2 明细账登记

为了便于管理入库物品，正确反映物品的入库、出库及结存情况，并为对账、盘点等作业提供依据，仓库还要建立实物明细账，以记录库存物品的动态。

3.5 保管卡设置

物品保管卡又叫货卡、料卡，它是一种实物标签，是仓管员管理物品的"耳目"。

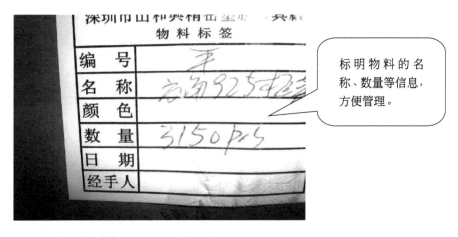

标明物料的名称、数量等信息，方便管理。

制作简要的管制卡，标示物料的相关信息。

物品保管卡包括的内容主要有以下几个方面。

（1）表示货物的状态，如待检、待处理、不合格、合格等。

（2）表明货物的名称、规格、供应商和批次。

（3）物品的入库、出库与库存动态等信息。

保管卡上的内容不是一成不变的，仓管员可以根据具体情况，对物品保管卡的具体内容做适当的调整。

如对于设置了专门的待检区、待处理区、合格产品区、不合格产品区的仓库，在设置保管卡时，可以省略货物的状态记录；而为了便于对物品存量进行控制及管理，则可以在物品保管卡上增加物品的估计用量、安全库存等信息，其具体内容可以如表3-5、表3-6所示。

表 3-5　物品保管卡（一）

物品名称			物品编号	
物品规格			物品批次	
供应商			标准单位	
物品状态：□成品	□半成品	□待验	□待处理	□不合格	□合格
库存量			仓管员	

表 3-6　物品保管卡（二）

货位编号：　　　　　　　　　　　标示日期：

材料名称		用途			
材料编号		主要供应商			
估计年用量		订货期		经济定量	
安全用量		代替品			
月份	实际用量	需求计划			平均单价
1					
2					
…					
12					
合计					
收发记录					
日期	单据号码	发出量	存量	收料量	退回	订货记录	备注

3.6 建立物品档案

建立物品档案是指将与入库作业过程有关的资料、证件进行分类保存，从而详细地了解物品入库前后的活动全貌。

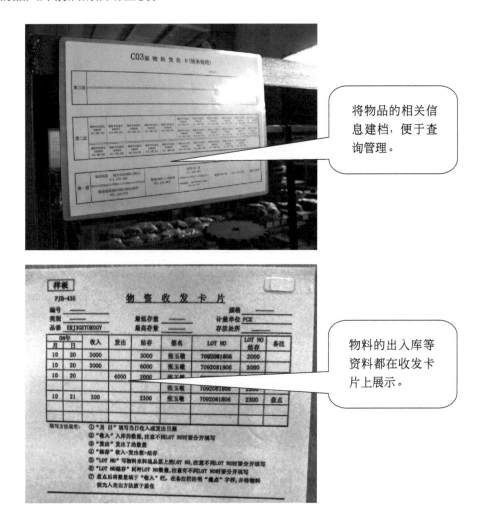

将物品的相关信息建档，便于查询管理。

物料的出入库等资料都在收发卡片上展示。

3.6.1 收集档案资料

物品档案反映了物品从入库、储存到出库的所有变化。为了建立完善的物品档案，仓管员需要收集的资料具体包括以下几种。

（1）物品入库时的资料

① 物品出厂时的各种凭证和技术资料，如物品技术证明、合格证、装箱单、发货明细表等。

② 物品运输过程中的各种单据，如运输单、货运记录等。

③ 物品验收入库的入库通知单、验收记录、磅码单、技术检验报告等。

（2）物品保管时的资料

包括物品入库保管期间的检查、保养、损益、变动等情况的记录，以及库内外温湿度记载及其对物品的影响情况。

（3）物品出库时的资料

物品出库时的凭证，如领料单、出库单、调拨单等。

3.6.2 建立并保管档案

在物品入库后，仓管员应该收集入库时的资料，建立物品档案，并对其进行管理。

3.6.3 物品档案的管理注意事项

（1）对档案统一编号

为了防止档案的丢失，并方便查阅，保管时应将物品档案进行统一编号。

（2）确定资料的保管期

为了加强对档案中资料的保管，仓管员要根据实际情况确定资料的保管期限。其中有些资料，如库区气候资料、物品储存保管的试验资料，应长期保留。

（3）及时更新资料

3.7 损害赔偿

如果货物和现品不同、有不良品、物料有一部分没达到质量、物料数量不足、交期延迟、出货不符等意外、不全或是不履行等情形，就需要做处理，这就涉及损害赔偿的问题。

损害赔偿是由于检验的结果和订购的数量、品质及条件不一致，而导致物品的质量不达标、数量不足等。而提出赔偿的程度也会因为出现疏忽乃至重大过失等因素不同而有以下程度之分。

（1）提出警告。

（2）要求货品赔偿。

（3）要求金钱赔偿。

重要的是第（2）点与第（3）点。第（2）点可以要求损害赔偿、降价、拒绝支付等；而第（3）点可以要求解约，或者搭配组合以追求责任归属。

因为可以要求赔偿，所以事先一定要协商好相关赔偿条款和约定。

当数量、品质以及契约条件等检验都结束之后，只接收合格的物料。而收货及验收业务会因为业种及货物的不同而各有所异，所以最好找出自己公司适用的方法。

3.8 物品退换

物品的退换作业是指物品在检验的过程中，若出现质量问题或制造企业里需用部门对于领用的物品，在使用时遇到物品质量异常、用料变更或有溢余时，而将已办理发放手续的物品退回仓库的业务活动。

残次品退回仓库，并存放在专门的残次品区。

各种不良品都退还仓库，并存放在指定区域。

3.8.1 物品退换手续

仓管员在办理物品退换时,首先要弄清其相应的手续,比如办理退料单,确保工作中有凭有据。退料单的具体格式如表3-7所示。

表3-7 退料单

生产批量：　　　　　　生产车间：　　　　　　物料半成品日期：

物品编号	物品名称	生产通知单号	规格	好料	坏料		退料原因	退料数量	品管鉴定	备注
					生产坏	来料坏				

品管员：　　　　　退料员：　　　　　货仓：　　　　　审核人：

物品退换手续也可视为"物品接收"手续,即发料的冲减。仓管人员在记账时,应在发出栏内用红字填写,从而增加库存数量和金额。同样,在仓库统计表中,也应作为减少发出量计算,但任何情况下,都不得重新验收入账,因为这样会造成假象。

另外,仓库在开展物品退换时一定要注意以下事项。

（1）保持物品的完整性

对于退回的物品,仓管人员应尽量保持其完整无损,比如,主机及附件、工具、技术资料、包装等齐全完备。

（2）进行认真检查

仓库在接收退货时,应认真检查,经过维护保管后,再存入仓库。凡残损的,应收入"第一料库",价款由原单位或供应商负责;无使用价值的,视为废品处理。

3.8.2 物品退换流程

物料退换的具体流程如图3-8所示。

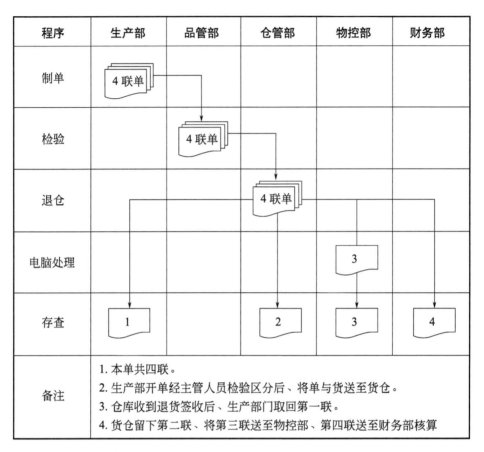

图3-8 物料退换的具体流程

第4章　仓储搬运

> **引言**　物料/成品装卸搬运是生产过程的辅助环节,存在于仓库内、仓库和生产部门之间以及出货等各个环节。搬运对企业的生产效率有很大影响,通过有效的物料装卸搬运管理,可以极大地压缩占用的时间和费用。对于仓储管理来说,这是一项很重要的管理内容。因此,一定要对物料装卸搬运进行设计,使其趋于科学化、合理化。

4.1　搬运原则

物品搬运通常是指物品在车间或仓库内部的移动,以及在仓库与生产设施之间和仓库与运输车辆之间的转移。

搬运工具进行定位放置,且离物料区很近,缩短搬运距离。

各种搬运工具放置有序,使用很方便。

4.1.1 搬运原则

搬运就是把物品由某一个位置转移到另一个位置的过程。但是，如果仅仅是物品位移的话也许这个搬运没有意义，甚至有时是失效的。所以，搬运过程也要强调一些原则。

常见的搬运原则包括以下几点。

（1）搬运的时效性，即要遵守搬运计划的规定，按时按量、准确而及时地实施搬运。

（2）搬运的质量，即要确保被搬运物品的质量不能降低，如不能发生性能损坏、物品变质等。

（3）搬运安全，既要确保在搬运过程中不能使人员、设备、物品等发生事故，如人身安全意外、设备损坏、物品丢失等，又要准确及时地完成搬运任务。

4.1.2 搬运布置的注意事项

（1）尽量使用工具搬运。

（2）减少搬运次数。

（3）尽可能缩短搬运距离。

（4）保持搬运通道的畅通。

（5）注意人身及物品安全。

（6）物料、半成品、产品应有明确的产品及途程标志，不可因搬运而混乱。

4.2 搬运方法与工具

搬运方法是为实现搬运目标而采取的搬运作业手法，搬运工具因不同物品的属性而有不同的选择余地。二者的选择将直接影响搬运作业的质量、效果、安全和效率。

叉车主要适用一些重型和托盘货物的搬运。

自动分拣机械适用自动化操作的搬运上。

4.2.1 认识"搬运作业指导书"

"搬运作业指导书"是一种规范性文件,它为广大仓库作业人员实施搬运作业提供了指导和依据。它的作用和要求如下所述。

(1)明确目的:指示搬运方法、明确步骤、规范搬运作业,从而确保物品能够得到妥善的搬运,因此需要制定物品"搬运作业指导书"。

(2)明确范围:"搬运作业指导书"适用于所有在公司内发生的搬运和装卸作业,也包括公司外部人员在公司内部进行的搬运和装卸作业。

(3)"搬运作业指导书"应包括以下内容。

① 搬运人员的职责。

② 搬运设备、工具的使用方法。

③ 搬运方式的选择要求。

④ 搬运过程中的注意事项。

⑤ 搬运事故处理方法。

⑥ 装载物品的方法。

⑦ 卸下物品的方法。

⑧ 物品堆放方法。

⑨ 特种物品搬运方法。

⑩ 适当的图示指引。

4.2.2 搬运方法

搬运方法是为实现搬运目标而采取的搬运作业手法，它将直接影响搬运作业的质量、效果、安全和效率。通常而言，搬运方法有如表4-1所示几种。

表4-1 搬运方法的分类

序号	分类依据	说明
1	作业对象	（1）单件作业法，即逐个、逐件地进行搬运和装卸，主要针对庞大、笨重的物品。 （2）集装单元作业法，即像集装箱一样实施搬运。 （3）散装作业法，就是对无包装的散料，如水泥、沙石、钢筋等直接进行装卸和搬运
2	作业手段	（1）人工作业法，即主要靠人力进行作业，但也包括使用简单的器具和工具，如扁担、绳索等。 （2）机械作业法，即借助机械设备来完成物品的搬运，这里的机械设备不仅指简单的器具，还应包括性能比较优越的器具，如装卸机等。 （3）自动作业法，一般是指在电脑的控制下完成一系列的物品搬运，如自动上料机、机电一体化传输系统等
3	作业原理	（1）滑动法，就是利用物品的自重力而产生的下滑移动，比如滑桥、滑槽、滑管等。 （2）牵引力法，即利用外部牵引力的驱动作用使物品产生移动，如拖拉车、吊车等。 （3）气压输送法，即利用正负空气压强产生的作用力吸送或压送粉状物品，如负压传输管道等
4	作业连续性	（1）间歇作业法，即搬运作业按一定的节奏停顿、循环，如起重机、叉车等。 （2）连续作业法，即搬运作业连续不间断地进行，如传送带、卷扬机等
5	作业方向	（1）水平作业法，也就是以实现物品产生搬运距离为目的搬运方法，如把物品由甲地运往乙地。 （2）垂直作业法，也就是以实现物品产生搬运高度为目的的搬运方法，如把物品由地面升到一定的高度

4.2.3 选择搬运方法

"搬运作业指导书"中应对选择搬运方法有明确的说明，以便搬运人员能够迅速识别并作出选择。选择搬运方法是良好地完成搬运任务、实施有效搬运的先决条件。

一般情况下决定选择性的主要因素包括人、机、料、法、环等"4M1E"的五个方面。

（1）人的方面指搬运人员状况，包括人员的数量、专业程度、经验技能、组织形式和用工方式等。

（2）机的方面指搬运设备状况，包括设备的功能、能力、数量、完好程度等。

（3）料的方面指被搬运物品的特性，也就是它的物理性、化学性、工艺性、精密性等，如形态、体积、性质、重量、贵重程度、精细程度、包装条件和防护性等。

（4）法的方面指要求的搬运作业量，如搬运数量、行程、时间、成本等。

（5）环的方面指作业环境，如气候条件（温度、湿度、日晒、雨淋）、白天或夜间、地形状况等。

4.3 认识运输标志

要想做好物品的搬运作业，首先必须认识运输标志包括物品的包装储运标志和危险品标志，只有这样才能进行灵活准确地搬运，并确保自己的人身安全。

只有认识包装标志，才能做到正确运输。

纸箱运输，要注意防雨防潮，要向上堆放，还要小心轻放。

4.3.1 包装储运图示标志

包装储运图示标志，是根据产品的某些特性如怕湿、怕震动、怕热、怕冻等而确定的。其目的是在货物运输、装卸和储存过程中，引起作业人员的注意，使他们按图示标志的要求进行操作。

（1）小心轻放

（2）向上标志

（3）由此吊起标志

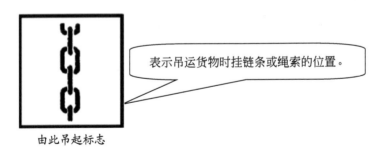

（4）重心点标志

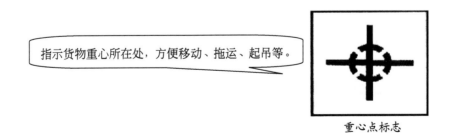

（5）重心偏斜标志

表示货物重心向右，偏离货物的几何中心，货物容易倾倒或翻转。

重心偏斜标志

（6）易于翻倒标志

表示货物容易倾倒，在放置时必须注意安全。

易于翻倒标志

（7）怕湿标志

表示货物在运输搬运过程中绝对不能被雨淋湿或向其直接洒水。

怕湿标志

（8）怕热标志

表示包装内货物怕热，不能曝晒，不能置于高温热源附近。

怕热标志

(9）怕冷标志

表示包装内货物怕冷，不能受冷、受冻。

怕冷标志

（10）堆码极限标志

表示货物的码放有重量和层级限制，要按要求在符号上添加数值。

堆码极限标志

（11）温度极限标志

温度极限标志

要求货物必须在一定的温度环境下存放，绝不能超过规定的温度。

（12）由此开启标志

表示包装箱开启位置。一般用于较硬的、需用工具开启的外包装箱上。

由此开启标志

（13）由此撕开标志

由此撕开标志

表示包装的撕开部位。符号的箭头指向表示撕开的方向。一般用于软封装或纸箱等外包装上。

（14）禁止翻滚标志

表示搬运货物时不得滚动，只能作直线水平移动。

禁止滚翻标志

（15）禁用手钩标志

禁止手钩标志

表示不得使用手钩直接钩着货物或其包装进行搬运，否则就会损坏货物。

4.3.2 危险货物包装标志

危险货物包装标志，是用来标明化学危险品的。这类标志为了引起人们的特别警惕，采用特殊的色彩或黑白菱形图示。

（1）爆炸品标志

爆炸品标志
（符号：黑色；
底色：橙红色）

表示包装体内有爆炸品，受到高热、摩擦、冲击或与其他物质接触后，会发生剧烈反应而引起爆炸。

（2）易燃气体标志

表示包装体内为容易燃烧的气体，因冲击、受热易产生气体膨胀，有引起爆炸和燃烧危险。

易燃气体标志
（符号：黑色或白色；
底色：正红色）

（3）不燃压缩气体标志

不燃压缩气体标志
（符号：黑色或白色；
底色：绿色）

表示包装内为有爆炸危险的不燃压缩气体，容易因冲击、受热而产生气体膨胀从而引起爆炸。

（4）有毒气体标志

表示包装体内为有毒气体，有引起爆炸、造成中毒危险的气体。要格外注意。

有毒气体标志
（符号：黑色；
底色：白色）

（5）易燃液体标志

易燃液体标志
（符号：黑色或白色；
底色：正红色）

表示包装体内为易燃性液体，燃点较低，即使不与明火接触，也会因受热、冲击或接触氧化剂，引起燃烧或爆炸。

（6）易燃固体标志

表示包装体内为易燃性固体，燃点较低容易引起燃烧或爆炸。

易燃固体标志
（符号：黑色或白色；
底色：正红色）

（7）自燃物品标志

自燃物品标志
（符号：黑色；
底色：上白下红）

表示包装体内为自燃性物质，即使不与明火接触，在适当的温度下也能发生氧化作用因积热达到自燃点而引起燃烧。

（8）遇湿易燃物品标志

表示包装体内物品遇水受潮能分解，产生可燃性有毒气体，引起燃烧或爆炸。

遇湿危险标志
（符号：黑色或白色；
底色：蓝色）

（9）氧化剂标志

氧化剂标志
（符号：黑色；
底色：柠檬黄色）

表示包装内为氧化剂，具有强烈的氧化性能，当遇酸、受潮湿、高热、摩擦、冲击或与易燃有机物和还原剂接触即能分解，引起燃烧或爆炸。

（10）有机过氧化物标志

表示包装体内为有机过氧化物，本身易燃、易爆、极易分解，对热、震动、摩擦极为敏感。搬运中不能摔碰、拖拉、翻滚、摩擦和剧烈震动。

有机过氧化物标志
（符号：黑色；
底色：柠檬色）

（11）有毒品标志

有毒品标志
（符号：黑色；
底色：白色）

表示包装内为有毒品，具有较强毒性，能引起局部刺激、中毒，甚至造成死亡。

（12）剧毒品标志

包装内为剧毒品，具有强烈毒性，极少量接触皮肤或侵入人体、牲畜体内，即能引起中毒甚至造成死亡。搬运时必须穿戴防护用品，严防皮肤破损处接触毒物。

剧毒品标志
（符号：黑色；
底色：白色）

（13）有害品（远离食品）标志

有害品标志
（符号：黑色；
底色：白色）

表示包装内为有害物品，不能与食品接近，否则容易引发中毒。这种物品和食品的垂直、水平间隔距离至少应为3米。

（14）感染性物品标志

表示包装内为含有致病微生物的感染性物品，误吞咽、吸入或皮肤接触会损害人的健康。

感染性物品标志
（符号：黑色；
底色：白色）

（15）一级放射性物品标志

一级放射性物品标志
（符号：黑色；底色：白色，附一条红竖线）

表示包装内为放射量较小的一级放射性物品，能放出α、β、γ等射线，对人体有一定危害。

（16）二级放射性物品标志

二级放射性物品标志
（符号：黑色；底色：白色，附两条红竖线）

表示包装内为放射量中等的二级放射性物品，能自发地、不断地放出α、β、γ等射线。

（17）三级放射性物品标志

表示包装内为放射量很大的三级放射性物品，能自发不断地放出很强的α、β、γ等射线。搬运时一定要穿特定的防辐射服装，作业完毕应全身清洗。

三级放射性物品标志
（符号：黑色；底色：白色，附三条红竖线）

（18）腐蚀品标志

腐蚀品标志
（符号：上黑下白；
底色：上白下黑）

表示包装内为带腐蚀性的物品，接触人体或物品后，即产生腐蚀作用。搬运时要穿戴耐腐蚀的防护用品，还应备有防毒面具。

4.4 搬运的要求

在认识了解了搬运工具及各种运输包装标志后，如何进行正确搬运显得很关键。

将物料准备好，用推车搬运。

塑料箱搬运很便捷，不同的颜色代表不同的品质状况。

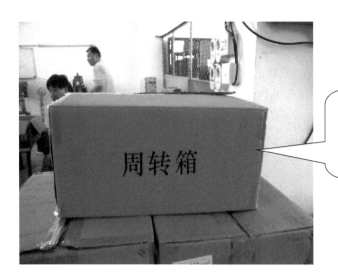

周转箱也是常用的搬运装具。

成品一般都用纸箱包装搬运。

4.4.1 人工搬运的限制使用

对于一些简单轻型的物料,适合人工搬运,能降低搬运成本。

但是如果搬运人心情不好,就会影响搬运的效率和搬运质量。而且,过多的人工搬运浪费体力及时间,应尽量少用。

4.4.2 使用工具搬运

一般情况下,工厂的搬运大都使用机械工具,既可大幅提高工作效率,又能使厂房整齐、清洁,提升员工士气。

常见的搬运工具有脚轮、叉车、搬运车、手推车、塑料托盘、地脚等。

对于物料或产品体积大、搬运距离长、流动的方法固定等不同情况，可选择不同的机械来搬运，如卡车、输送带、升降机、起重机、自动分拣装置等。

对于一些容易破碎的物品的搬运，通常会使用塑料板或搬运车，以保护物品。

危险品的搬运则有独特的包装和要求。

4.4.3 搬运装具

对于成品的包装，通常使用的是纸箱。本公司产品的纸箱应尽量标准化，虽有多种产品，但外箱应尽可能减少规格种类，减少管理及仓储的困难，成品使用外箱以后，尽可能配合栈板来移动。

而对于半成品的包装搬运，主要采用塑料箱。塑料箱可以使用不同的颜色来区别产品状况，如蓝色代表正常良品，黄色代表待整修品，红色代表待报废品，每一塑料箱要规定标准容量，而且要按规定位置存放，这样管理起来就相当方便。

4.5 提高搬运效率

搬运的有效性是针对搬运结果而言的，也就是说搬运结果对于物品的使用或存放应该是有效的。

采用推车搬运，满足了及时、高效的要求。

机械搬运尤其要注意安全。

实施有效搬运,就是要使物品的搬运仅挪动位置,做到投入最小、影响最小和损耗最小。

具体来说,搬运有效性的内容一般包括以下几点。

(1)搬运结果要到位,最好是一次到位,做好、做彻底,不要有再次搬运。

(2)摆放方式要适合,比如,物品的摆放位置、方向等,不要返工。

(3)放置环境要适合,比如,放置区域、周围的环境,要尽可能减少暂时存放的现象。

(4)杜绝或减少搬运损失,包括丢失、打破、变形、泄漏、挥发、挤压等因素导致的各种损耗。

(5)节约搬运成本,选择合理的搬运方式,可以选择机械化、自动化、人工等多种搬运方式,但前提是用最低的综合投入实现最大的搬运量。

(6)消除危险因素,在搬运过程中安全使用搬运器具,不要顾此失彼,不要制造危及人身安全的隐患。

4.6 实施合理化搬运

合理化搬运是一种状态,也是一种趋势,是与有效搬运相适应的。而如何进行合理化搬运是许多企业都思索的问题。

各种搬运工具做好定位标识,能迅速投入使用。

采用塑料箱搬运,底下放好栈板,便于叉车使用。

推车的搬运要注意码放整齐平稳。

4.6.1 合理化搬运的衡量准则

(1)尽可能地少投入人力。

(2)投入的设备、器械、工具等要尽可能适用。

（3）保证被搬运物品无损耗。

（4）搬运方法科学、文明。

（5）搬运环境安全、适合。

4.6.2 减少搬运次数

（1）减少暂时放置的发生机会，尽可能实现搬运一次到位。暂时放置是增加搬运次数的首要原因。由于暂时放置，容易忘记导致搬运的混乱，还会增加搬运次数。

（2）掌握合适的单位搬运量是减少搬运次数的另一个重要因素。

4.6.3 缩短搬运距离

（1）合理规划工厂布局，可以有效缩短搬运距离。

（2）在工厂布局已经确定的情况下，合理规划流程、及时制订搬运计划，可以缩短搬运距离。

4.6.4 提高物品活载程度

物品的活载程度是指物品被移动的难易程度，如表4-2所示，活性指数如图4-1所示。比如，放在货架上的物品就比堆放的物品容易搬运，则前者的活载程度就大些；放在托盘上的物品比放在传送带上更难搬运，则前者的活载程度就小些。在实际生产中，为了便于搬运作业，应尽可能地提高存放物品的活载程度。

表4-2 物品活载程度表

状态	说明	处置时所费的人工				耗费的人工数	活性系数
		收集	扶起	抬高	移动		
散放	散乱放置在地板、台架上	○	○	○	○	4	0
装箱	用集装箱、箱子、袋子、装置或捆成捆儿放在一起	×	○	○	○	3	1
支垫	放置在平板架上、木棒、枕木上，以便随时能举起来	×	×	○	○	2	2
装车	放置在推车上	×	×	×	○	1	3
移动	放置在移动的传送带上或斜槽上	×	×	×	×	0	4

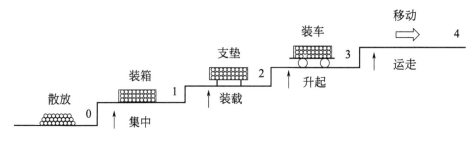

图 4-1 活性指数

常用的提高活载程度的方法包括以下几方面。

（1）采用自动包装、送料。

（2）采用传输带送料。

（3）将箱存放于标准尺寸的托盘上。

（4）将散料装箱。

（5）多采用专用的物品装载器具。

（6）设计合理的物品装载器皿，并正确使用。

（7）在物流的全系统内及时贯彻程序或制度。

4.6.5　提高作业的机械化和自动化水平

（1）使用先进的搬运设备和搬运技术。

在现代化的工厂，为了实现搬运合理化，我们应该尽可能多地使用先进的搬运设备和搬运技术。比如：搬运设备机电一体化，搬运方式自动化。

（2）实现装卸作业的省力化和机械化，在有条件的情况下利用重力式移动货架，可减轻劳动强度和能量的消耗。

（3）推广组合化装卸搬运，将物料以托盘、集装箱、集装袋为单位进行组合后进行装卸，实施集装处理。

4.7　特殊物品搬运

特殊物品是指那些具有特殊的物理性、化学性、工艺性以及其他方面特性的物品。因为特殊物品的搬运有效性对搬运过程具有重大影响，搬运方法不当可能导致人身伤亡或造成重大财产损失。所以，对这类物品的搬运要慎重处理。

搬运特殊物品，要穿戴防护服装。

钢瓶的搬运，要有栈板和托架，专门搬运。

4.7.1 特殊物品的类别

特殊物品是指那些具有特殊的物理性、化学性、工艺性以及其他方面特性的物品，在搬运时需要按特殊要求进行。这些物品包括以下几类。

（1）危险品，如汽油、橡胶水、炸药、压缩气体、液化气体等。

（2）剧毒品，如农药。

（3）腐蚀品，如硫酸。

（4）放射性物品，如射线器械。

（5）贵重物品，如金、银、玉器等。

4.7.2 特殊物品的搬运方法

对特殊物品的搬运要格外慎重，必要时专门处理。下面介绍的一些方法可以参照。

（1）搬运人员方面：确保人员技术熟练、经过专门培训、体检合格。

（2）搬运班组方面：由挑选的合格人员组成，并指定具体负责人，明确职责。

（3）装卸现场方面：设置防爆照明灯、防护管理措施。

（4）配备合格的专用工具，如油罐车、冷藏车。

（5）装卸开始前要全面确认以消除安全隐患。

（6）作业开始前要根据有关的专业要求进行必要的防护，并做好消防措施、伤员抢救和其他紧急应对措施。

（7）作业中要严格执行作业标准和有关要求，如有必要，有些搬运操作应在技术专家的全程监督下完成。

（8）运输途中要监视，严防意外发生。如发现有隐患存在时要及时采取处理措施，防止事态扩大。

（9）入库摆放前和卸车后要认真清扫货位和车辆，并按有关规定酌情处理。

（10）以认真的态度文明搬运是一切搬运工作的基础，搬运特殊物品时这一点显得更为重要。

4.7.3 特殊物品的搬运器具选择

对特殊物品的搬运器具要慎重选择，如果选择错了，将直接威胁到搬运的有效性和搬运质量。比如，以下就专用叉车使用时的注意事项进行说明。

（1）内装瓷器、陶器、玻璃器皿的包装箱不能使用防爆叉车码垛。

（2）使用防爆叉车码垛时钢瓶应平卧放置，安全帽朝向一方，底层垫牢。

（3）大钢瓶码垛一层，小钢瓶码垛不超过四层。

（4）使用防爆叉车将卧放大铁桶竖起时应有专人指挥。

（5）使用防爆叉车将卧放大铁桶码垛两层以上时应有专人认可。

（6）托盘上的物品应压缝牢固，必要时用胶带加固。

4.7.4 各类特殊物品的搬运要领

4.7.4.1 易爆品的搬运

易爆品的搬运应遵循以下要求。

（1）装卸车时详细检查车辆，车厢各部分必须完整、干净和干燥，不能残留酸、碱等油脂类物品和其他异物。

（2）作业前检查危险品的包装是否完整、坚固，使用的工具是否适合、良好。

（3）要求参加作业的人员禁止携带烟火器具，禁止穿有铁钉的鞋。

（4）搬运交接物品时要手对手、肩靠肩，交接牢靠。

（5）装卸时散落的粉状、粒状爆炸物要及时用水湿润，再用木糠或棉絮等物品将其吸收，并将吸收物妥善处理。

4.7.4.2 氧化剂的搬运

氧化剂的搬运要求如下。

（1）装车时车内应清扫干净，不得残留酸类、煤炭、面粉、硫化物、磷化物等。

（2）装卸车前应将车门打开，并彻底通风。

（3）散落在车厢或地面上的粉状、颗粒状氧化物，应撒上沙土后，再清理干净。

4.7.4.3 压缩气体和液化气体的搬运

压缩气体和液化气体的搬运要求如下。

（1）使用专用的搬运器具，禁止肩扛或滚动。

（2）搬运器具、车辆、手套、防护服上不得沾有油污或其他危险物品，以防引起爆炸。

（3）钢瓶应平卧堆放，垛高不得超过四层，禁止日光直射暴晒。

4.7.4.4 自燃、易燃品的搬运

自燃、易燃品的搬运要求如下。

（1）作业时开门通风，避免可燃气体聚集。

（2）对于桶装液体、电石物品，若发现容器膨胀时，应使用铜质或木质的扳手轻轻打开排气孔放出膨胀气体后方可作业。

（3）雨雪天气，如防雨设备不良时禁止搬运遇水燃烧的物品。

（4）对装运易挥发的液体，开盖前要慢慢松开螺栓，并停留几分钟后再开启。装卸完毕，应将阀门和螺栓拧紧。

4.7.4.5 腐蚀性物品的搬运

腐蚀性物品的搬运要求如下。

（1）散落在车内或地面的腐蚀品应以沙土覆盖或海绵吸收后，用清水冲洗干净。

（2）装过酸、碱的容器不得胡乱堆放。

（3）作业前应准备充足的清水，以便人身、车辆、工具等受到腐蚀时可以及时进行

冲洗。

（4）装卸石灰时应在石灰上放置垫板，不准在雨中作业，严禁将干、湿石灰混装在一起。

4.7.4.6 剧毒品的搬运

剧毒品的搬运要求如下。

（1）装卸车前打开车门、窗户通风。

（2）作业时应穿好防护用具，作业后及时沐浴。

（3）对使用过的防护用具、工具等，最好集中洗涤并消毒。

（4）患有慢性疾病的人员不能参加此项作业。

（5）人员的工作时间不宜过长，最好间隔休息，作业中如发现有头晕、恶心等现象时要立即停止作业，并及时处理。

4.7.4.7 放射性物品的搬运

放射性物品的搬运要求如下。

（1）由有经验的人员在作业前进行检查和鉴定，以确认是否可以搬运，并指定装卸方法和搬运时间。

（2）作业前做好防护，精力集中。

（3）作业后应立即将防护用品交回专门的保管场所，人员沐浴并换衣。

（4）人员沐浴、防护用品的洗涤等都必须在专门地点实施。

4.7.4.8 贵重易损物品的搬运

贵重易损物品的类别包括：精细的玉器、瓷器、艺术品、精密机械、仪表、易碎的玻璃器具等。搬运贵重易损物品时应注意如下几点。

（1）小心谨慎、轻拿轻放。

（2）严禁摔碰、撞击、拖拉、翻滚、挤压、抛扔和剧烈震动。

（3）严格按包装标志码垛、装卸。

（4）理解并遵守各种要求。

（5）盛装器皿应符合物性，必要时要专用。

贵重的金属，如金、银材料，水银、有色重金属等因其具有价值高的特性，因此，有必要按照专门的指定方式搬运。

第5章 仓储保管

> **引言** 仓储保管是指通过仓库对商品进行储存和保管。仓储的物资储藏的基本功能决定了仓储的基本任务是存储保管、存期控制、数量管理、质量维护;同时,利用物资在仓储的存放,开发和开展多种服务是提高仓储附加值、促进物资流通、提高社会资源效益的有效手段,因而也是仓储保管的重要任务。

5.1 储存保管要求

各种原材料、在制品、成品均应储存在适宜的场地和库房,储存场所条件应与产品要求相适应,如必要的通风、防潮、温控等条件,应规定入库验收、保管和发放的仓库管理制度或标准,定期检查库存品的状况,防止产品在使用或交付前受到损坏或变质。

5.1.1 整理好储存区域

仓库的储存区域应整洁,具有适宜的环境条件。对温度、湿度和其他条件敏感的物资,应有明显的识别标志,并单独存放,提供必要的环境。

5.1.2 使用适当的储存方法

储存中可能会变质和腐蚀的物资,应按一定的防腐蚀和防变质的方法进行清洗、防护、特殊包装和存放。

5.1.3 做好储存品的监控

要对储存品进行监控,采取必要的控制手段。

(1)如定期检验、对在库产品实行先入先出的原则、定期熏蒸消毒等,做好库存品的检验记录。

(2)物资入库应验收合格,并注明接收日期,做好适当标志,对有储存期要求的物资,应有适用的储存品周转制度,物资堆放要有利于存取,并防止误用。

(3)定期检查库存品状况,限制非仓库人员进入,物资出库手续应齐全,加强仓库管理。

(4)储存物品应有一套清楚完整的账物卡管理制度。

5.2 保管、储存的控制方法

物品的保管控制是仓储管理的重要内容之一,各种原材料、半成品、成品等都必须依照一定的标准实行在库管理。物品保管的主要控制方法有以下几种。

5.2.1 分类存放

物资的储存保管,原则上应以物资的属性、特点和用途来规划、设置仓库,并根据仓库的条件考虑划分区域。

5.2.2 科学堆放

物资堆放的原则是:在堆垛合理、安全、可靠的前提下,推行五五堆放法;根据货物特点,必须做到过目见数、检点方便、成行成列、排放整齐。

5.2.3 保持通道畅通

通道设计应合理,并留有适宜的包装或开包检查场地,平常应保持通道畅通。

5.2.4 明确职责

仓管员对库存、代保管、待验材料以及设备、容器和工具等负有经济责任和法律责任,因此要坚决做到人各有责,物各有主,事事有人管。仓库物资如有损失、贬值、报废、盘盈、盘亏等,仓管员应及时报告科长,分析原因,查明责任,按规定办理报批手续，未经批准一律不准擅自处理。仓管员不得采取"发生盈时多送，亏时克扣"的违纪做法。

5.2.5 加强保管

保管物资要根据其自然属性，考虑储存的场所和保管常识处理，加强保管措施，达到"十不"要求，务必使财产不发生保管责任损失。同类物资堆放时，要考虑先进先出，发货方便，留有回旋余地。

5.2.6 严格审批

保管物资，未经上级同意，一律不准擅自借出。总成物资，一律不准拆件零发，特殊情况需经上级批准。

5.2.7 保障安全

仓库要严格执行保卫制度，禁止非本库人员擅自入库。仓库严禁烟火，明火作业需经保卫部门批准。仓管员要懂得使用消防器材和掌握必要的防火知识。

交错摆放，既科学又合理。

5.3 物品堆放

物品堆放是根据物品的包装、外形、性质、特点、重量和数量，结合季节和气候情况,以及储存时间的长短,按一定的规律堆码成各种形状的货垛。其目的是方便对货物进行维护、查点等管理和提高仓容利用率。

5.3.1 堆放的一般性原则

物品堆放时,必须考虑下列原则。

(1)多利用货仓空间,尽量采取立体堆放方式,提高货仓使用率。

(2)利用机器装卸,如使用加高机等以增加物品堆放的空间。

(3)通道应有适当的宽度,并保持装卸空间,则可保持物品搬运的顺畅,同时不影响物品装卸工作效率。

(4)不同的物品应依物品本身形状、性质、价值等而考虑不同的堆放方式。

(5)物品的仓储要考虑先进先出的原则。

(6)物品的堆放,要考虑储存数量读取容易。

(7)物品的堆放应容易识别与检查,如良品、不良品、呆料、废料的分开处理。

5.3.2 物品堆放的方法

5.3.2.1 五五堆放法

五五堆放法是根据各种物品的特性和开头做到"五五成行,五五成方,五五成串,五五成堆,五五成层",使物品叠放整齐,便于点数、盘点和取送。

此方法适用于品形较大、外形规则的物品。

采用五五堆放法,便于点数。

5.3.2.2 六号定位法

六号定位法即按"库号、仓位号、货架号、层号、订单号、物品编号"六号,对物品进行归类叠放,登记造册,并填制"物品储位图"便于迅速查找物品的存储位置。

此方法适用于体积较小、用规则容器盛装且品种较少的物品。

5.3.2.3 托盘化管理法

托盘化管理法即将物品码放在托盘上、卡板上或托箱中,便于成盘、成板、成箱地叠放和运输,有利于叉车将物品整体移动,提高物品的保管和搬运效率。

此方法适用于机械化仓库作业的企业。

5.3.2.4 分类管理法

分类管理法即将品种繁多的物品,按其重要程度、进出仓率、价值大小,资金占用情况进行分类,并置放在不同类别的仓区,然后采用不同的管理规定,做到重点管理,兼顾一般。

5.3.3 物品堆放的注意事项

物品堆放的注意事项如图5-1所示。

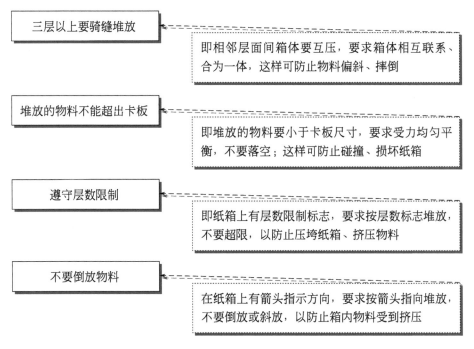

图5-1

纸箱已变形的不能堆放 ← 如果纸箱外部有明显的折痕就不能堆放。受损的纸箱要独立放置，以防止箱内物料受挤压

纸箱间的缝隙不能过大 ← 即同层纸箱要有间隔距离，因为纸箱的尺寸可能不一样。堆放要求是最大缝隙应不能大于纸箱，以防止箱内物料受挤压

图 5-1 物品堆放的注意事项

堆放要遵守层数限制，而且不能靠近顶灯。

统一用纸箱，大小一样，堆放整齐，方便清点。

5.3.4 特殊物品的堆放

特殊物品指的是易燃、易爆、剧毒、放射性、挥发性、腐蚀性等危险物品,它们的堆放原则其实因物而异,但也有一些共性原则,如下所述。

(1)危险物品不能混放,如易燃、易爆品等不能同剧毒品放在一起。
(2)危险物品最好不要堆放,一定要堆放时必须严格控制数量。
(3)堆放时一定要确认并保持其原包装状态良好。
(4)特殊物品不能骑缝堆放。
(5)特殊物品不能依靠其他物品堆放。
(6)堆放特殊物品的垛之间必须要有适当的间距。
(7)放置在货架上的特殊物品不能堆放。
(8)存放区域无周围影响。

工业气体瓶不能堆放,应专门划区存放。

5.4 物品标示

物品标示的目的是便于识别、便于管理。

物品标示可以用于区分物品的种类、品质状态、作业方法等。

标示的方式有颜色管理(如:用不同的颜色来区分月份)、看板管理(仓库规划看板、重要物品库存看板、评比状态等)、形态管理(如:三角形表示保质期为三个月)

等，且要明确张贴方式（如统一贴在箱子的右上角）。

标示的内容依行业特点不同而有所不同（如：食品行业强调出厂日期与保质期、化学品重视安全防护）。但有以下三个主要内容：物品的种类、数量和生产厂商。

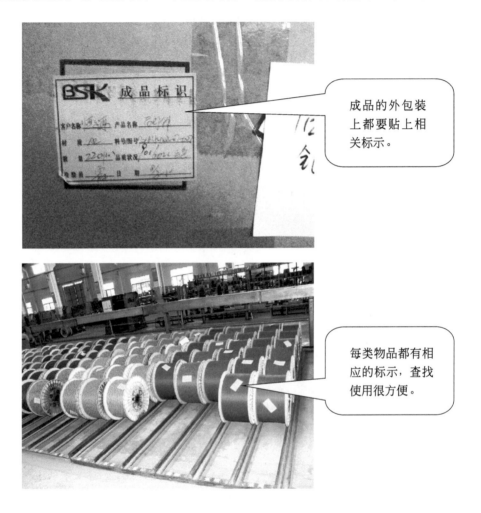

成品的外包装上都要贴上相关标示。

每类物品都有相应的标示，查找使用很方便。

5.5 仓储保管技术

仓库的温、湿度是影响库存物品质量变化的主要因素，因而对于库区温、湿度的控制调节以及仓库物品霉变的防治是物品保管中的一项重要的日常工作。

5.5.1 仓库温、湿度控制及调节

物品在储存期间，都要求有一个适宜的温、湿度，以确保物品的性质不发生改变。

为了维护仓储品的品质完好，创造适宜于物品储存的环境，当库内温、湿度适宜物品储存时，就要设法防止库外气候对库内的不利影响；当库内温、湿度不适宜物品储存时，就要及时采取有效措施调节库内的温、湿度。

5.5.1.1 通风降温

它是根据空气自然流动的规律，有计划地使库内外空气互相流通交换，以达到调节库内空气温、湿度的目的。

在采用通风降温时，必须符合以下两个条件。

（1）库外空气的温度和绝对湿度低于库内空气的温度和绝对湿度。

（2）库外气温高于库内气温，库外绝对湿度低于库内绝对湿度，并且库内露点小于库内气温和库外露点小于库内露点。

此外，必须注意通风时的气象条件，如在天晴风力不超过5级时效果较好。通风的季节性，如秋冬季节较为理想。通风的时间性，虽说夏季不宜采用通风降温，但有时会遇到有利的通风天气，可采取数小时通风的办法降温等。

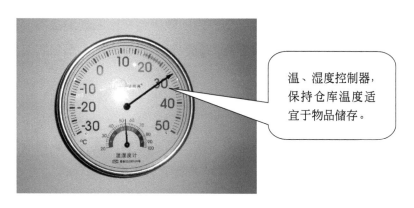

温、湿度控制器，保持仓库温度适宜于物品储存。

5.5.1.2 密封

密封是保持库存物品所需的温、湿度条件的一种技术措施，它区分为封库和封垛。一般情况，对物品出入不太频繁的库房可采取整库封闭；对物品出入较为频繁的库房，不能封库，可以采取封垛的措施。封库、封垛可采取以下措施。

（1）关闭库房所有的门、窗和通风孔，并将缝隙用胶条、纸等涂以树脂封堵。

（2）用5厘米宽、2.5厘米厚的泡沫塑料条，刷上树脂后粘贴于门框四周，再在门的四边刻上槽，将胶管刷胶水按入槽内，使门关好后胶管正好压在泡沫塑料中间。

（3）库房大门上开一个人行小门，以减少潮湿空气侵入库内。

（4）利用塑料薄膜将货垛或货架全部遮盖包围直至地面，以隔绝或减少湿气和物品的接触等。

5.5.1.3 吸潮

在梅雨季节或阴雨天，当库内湿度过高，不适宜物品保管，而库外湿度也过大，不宜进行通风散潮时，可以在密封库内用吸潮的办法降低库内湿度。

（1）吸湿剂

吸湿剂是一种除湿的辅助办法，它利用吸湿剂吸收空气中水汽的办法，达到除湿的效果。常用的吸湿剂有生石灰、氯化钙、硅酸等。

（2）吸湿机

这是仓库普遍使用的吸潮方法，即用吸湿机把库内的潮湿空气通过抽风机，吸入吸湿机冷却器内，使它凝结为水而排出。

吸湿机一般适宜于储存棉布、针棉织品、贵重百货、医药、仪器、电工器材和烟糖类的仓库吸湿。

5.5.2 储存物品霉变防治

物品霉变的防治主要针对物品霉变的外因即微生物产生的环境条件，而采取技术措施。常见措施有两条：一条是加强储存物品的保管工作；另一条是预防措施，采取药物防霉腐。

5.5.2.1 储存物品的合理保管

（1）加强每批物品的入库检查，检查有无水渍和霉腐现象，检查物品的自然含水量是否超过储存保管范围，包装是否损坏受潮，内部有无发热现象等。

（2）针对不同物品的性质，采取分类储存保管，达到不同物品所需的不同储存保管条件，以防止物品的霉变。

（3）根据不同季节、不同地区的不同储存保管条件，采取相应的通风除湿措施，使库内温度和湿度达到具有抑制霉菌生长和繁殖能力的要求。

5.5.2.2 药剂防霉腐

药剂防霉腐将对霉腐微生物具有抑制和杀灭作用的化学药剂，加到物品上，达到防止霉腐作用。防霉腐药剂的种类很多，常用的工业品防霉腐药剂有亚氯酸钠、水杨酰苯胺、多聚甲醛等。

另一种情况是，由于多数霉腐微生物只有在有氧气条件下才能正常繁殖，所以，采用氮气或二氧化碳气体全部或大部分取代物品储存环境的空气，使物品上的微生物不能生存，从而达到防霉腐效果。这种方法常用于工业品仓库。

对于易氧化的原材料，用苫布将其包好保护。

5.6 不同物品的保管要领

仓库物品因自身的性质和价值的差异有不同的管理方法。

模具已经抹上防锈油并且用薄膜包好。

对特殊危险物品专门存放并标示，提醒注意安全。

5.6.1 贵重物品的管理

贵重物品是指价值较高的物品，一般根据物品的贵重程度实施不同级别的管理。通常运用专用仓库管理和保险柜管理。

5.6.1.1 专用仓库管理

专用仓库主要用来保管IC、焊锡条、羊绒等价值比较高，且数量又大的物品。保管时实行专人专管的管理制度，具体方法如下所述。

（1）专用仓库配置自动报警和监视系统，安装防盗门、密码保险锁等。

（2）指定专职仓管人员进行管理。

（3）增加盘点频次，一般每周盘点一次。

（4）保管人员需每周向上级报告工作主要内容。

（5）仓库主管应每月点检确认一次。

5.6.1.2 保险柜管理

保险柜主要用来保管金、银、水银等贵重物品。保管时实行两人管理制，具体方法如下所述。

（1）将保险柜放置在规定的仓库内。

（2）保险柜由保管员和监督员掌管密码，只有两人同时在场时方可开启。

（3）填写保管物品的清单，严格记账和过磅管理。

（4）仓库主管应每月点检确认一次。

5.6.2 危险物品的管理

危险物品是指化工原料、印刷油墨、炸药、汽油、天那水等具有危险性的物料。其本身存在危险性，一般要根据物品的危险程度实施不同级别的管理。

5.6.2.1 高危物品——专用仓库管理法

专用仓库管理法即设置专门用途的仓库，用以存放高危险性的物品，如炸药、汽油、天那水等。具体方法如下所述。

（1）针对存放物品的特性要求，建造适宜的库房，建造完成后需要得到相关专家的认可。

（2）制定专用库房管理细则。

（3）培训仓管人员对库房制度的认识、对物品的保管方法及安全要求的了解。

（4）按规定保管存放的高危物品。

（5）加强高危物品对环境要求的监控。

（6）仓管人员要随时检查高危物品的状态。

（7）仓库主管要定时监督并确认。

5.6.2.2 低危物品——隔离管理法

隔离管理法即把存在危险性的物品与其他物品隔离开来，分别放置，如包装完好的化工原料、印刷油墨等。具体方法如下所述。

（1）划分好需要隔离的区域。

（2）设置必要的栅栏等隔离器具。

（3）标示并指示隔离区域。

（4）按规定保管好存放的隔离物品。

（5）平时注意加强监视被隔离物品的存放状态。

5.6.3 易损物品的管理

易损物品是指那些在搬运、存放、装卸过程中容易发生损坏的物品，如玻璃、陶瓷制品、精密仪表等。对这类物品按以下方法保管。

（1）尽可能在原包装状态下实施搬运和装卸作业。

（2）不使用带有滚轮的贮物架。

（3）利用平板车搬运时，要对码层做适当捆绑后进行搬运。

（4）一般情况下不允许使用吊车作业。严禁以滑动方式搬运。

（5）严格限制摆放的高度。

（6）小心轻放，文明作业。

（7）不与其他物品混放。

（8）明确标示其易损的特性。

5.6.4 易生锈材料的管理

易生锈材料是指那些具有加工切口的金属类物料，由于其切口处没有抗氧化的保护层，因而容易发生氧化生锈。如有冲口的机器外壳，有螺丝口的垫片等。对这类物料的管理应按以下方法进行。

（1）专门设置易生锈材料的仓库。

（2）按防锈标准要求及防锈技术实施管理。

（3）严格控制易生锈材料的库存时间，严格执行先进先出的原则。

（4）一旦发生生锈现象时，要及时通报并进行除锈处理。

（5）检查生锈的原因，积极采取应对措施。

（6）认真记录库区管理的有关数据，进行分析、判断和采取预防措施，在必要时制作控制图，使之得到有效管制。

5.6.5 敏感材料

敏感材料是指那些材料本身具有敏感的特性，若控制失误就有可能导致失效或产生事故。如磷可在空气中自燃，IC怕静电感应，胶卷怕曝光，色板怕日晒风化等。这类物品的管理要求如下所述。

（1）接收时认真阅读并执行原制造商的保管要求。

（2）了解和掌握该类物品的特性，实施对口管理。

（3）必要时，要设置专人保管仓库。

（4）必须在原包装状态下搬运、保管和装卸。

（5）设置必要的敏感特性监视器具，以有效消除不合适的环境因素。

5.6.6 有效期限较短的物料

有效期限较短的物料是指有效期限不满一年，或随着时间的延长，其性能下降比较快的物料，如电池、黄胶水、PCB等。这类物品的管理要求如下所述。

（1）严格控制订货量，尽量减少库存积压。

（2）严格控制库存时间。

（3）严格按物料的制造日期实施先进先出管理。

5.6.7 可疑材料

可疑材料是指那些性质、状态、规格、型号和名称等不清晰，或缺乏证据的材料。

（1）生产过程中被拉乱、生产人员不能识别其规格或质量好与坏的物料。

（2）物品的标志或状态遭到损坏，相关人员不能确定其性质和状态，或者有疑问的物品。

（3）工作或使用中发现可疑因素，致使人们对物品的原标志或状态产生怀疑、不相信等情况下所关联的物品。

（4）其他任何情况下所产生的有争议且无法定夺的物品。

可疑材料一律按不合格品处理。具体要求可参见企业的不合格品管理方法执行，将其分为特采、挑选、报废等。只是在标示方法上注明是"可疑材料"。

5.6.8 长期库存的物品

物品长期库存是不合理的，所以应该尽量减少这类物品或及早采取措施消除。

对长期库存的物品应按以下方法实施管理。

（1）指定专门存放区域予以隔离。

（2）定期检查专门存放区域的存放环境。

（3）定期确认存放物的包装状态和完好度。

（4）每月定期向上级通报被存物的状况。

（5）如物品有可能出货或使用时，要提前通知品质部重新进行检验。

（6）如物品有变质或不宜继续存放时，要迅速上报处理。

（7）存放物品的账目要清楚。

5.6.9 退货产品的处理

退货产品是指出货后由于某些原因又被客户退回公司的产品。主要包括以下两类。

5.6.9.1 客户检验退货品

客户检验退货品是指被客户整批退回的未经使用的产品。这类退货产品一般是因客户或其他机构在检验中发现了某些问题而引起的。处理要求如下所述。

（1）按"退货单"接纳退货品，清点数量，确认物品状态。

（2）按相关规定将退货品安置在不合格品区，并做好标志。

（3）通知品管部进行检验。

（4）通知工程技术部分析检验结果，并指定处理措施。

（5）由生管部安排返工计划，生产部按计划实施返工，返工后品质部再检验。

（6）品管部检验合格后再入库管理，等待再次出货。

5.6.9.2 客户使用退货品

客户使用退货品是指已经使用过的非批量性产品。这类退货产品的应对方法如下所述。

(1)按"退货单"接纳退货品,清点数量,确认物品状态。

(2)按相关规定将退货品安置在不合格品区,并做好标志。

(3)通知品管部进行检验,记录检验结果。

(4)通知工程技术部分析检验结果,依据分析结果制定纠正和预防措施,以改善生产。

(5)将退货品实施拆机处理,生管部安排拆机计划,生产部按计划拆机。

(6)拆出的零件视完好情况分类后交物料部处理。良品交来料检验,不良品及来料检验的不合格品作报废处理。

(7)检验合格的良品重新办理入库进行管理。

5.7 储存日常质量监督

物品放在仓库中由于保管不善可能会发生劣化,影响产品的质量。因而物料的存储与其质量有很重要的关系,而对在库品的日常质量监督正是为了保证库存物品的质量,也是仓储保管的重要内容之一。

物料有氧化现象,及时发现记录并要求处理。

5.7.1 日常质量监督的方式和性质

总体上讲,在库品日常质量监督的工作方式是巡视,性质是目视检查。

(1)巡视:定时巡回查看。

(2)目视检查:用眼睛观察确认。

5.7.2　日常质量监督的频率

一般来说，日常质量监督要做到每班不少于一次，夜班也不能例外。

日常质量监督无须记录检查报表，但必须有巡查记录表（如表5-1所示），以免责任人遗忘和进行必要的追溯。

表5-1　仓库巡查记录表

检查项目	月　日 星期一	月　日 星期二	月　日 星期三	月　日 星期四	月　日 星期五	月　日 星期六	月　日 星期日
库房清洁							
作业通道							
用具归位							
货物状态							
库房温度							
相对湿度							
照明设备							
消防设备							
消防通道							
防盗							
托盘维护							
检查人							

注：1.消防设备每月做一次全面检查。
2.将破损的托盘每月集中维护处理。

5.7.3　日常质量监督的内容

（1）仓库的温度和湿度。

（2）物品的摆放状态，如有无东倒西歪等。

（3）物品本身的状态，如有无腐烂、生锈等。

（4）物品的环境状态，如有无雨淋、日晒等。

（5）仓库的设备状况。仓库的各项设备如起重设备、叉车、货架、托盘等是否完好。

（6）仓库的照明状况。照明是否能够满足仓库作业要求，照明设施有无损坏等。

（7）仓库的防盗状况，如门、窗有无破损，门、窗锁是否有效，防盗方面是否存在其他隐患等。

（8）仓库的消防状况，如消防设备是否齐全、有效，数量是否足够，存放的地点是否合适等。

5.8 物品定期检验

物品的定期检验是对于库存期限超过一定时间的物品按规定的频次进行的质量检验，是为了了解被储存的物品质量是否良好并进行相应的处理。

5.8.1 定期检验的周期

定期检验的期限要根据物品的特性作出不同的规定。

（1）油脂、液体类物品，定检期为6个月。
（2）易变质生锈的物品，定检期为4个月。
（3）危险性特殊类物品，定检期为3个月。
（4）有效期限短的物品，定检期为3个月。
（5）长期储备的物品，定检期为24个月。
（6）其他普通的物品，定检期为12个月。

5.8.2 库存物品定期检验的方法

一般情况下，库存物品定期检验的方法与进料检验的方法相类似，由IQC按抽样的方法进行。库存物品定期检验的实施步骤如图5-2。

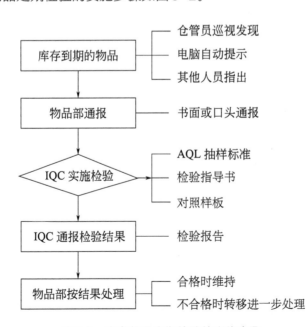

图5-2 库存物品定期检验的实施步骤

5.8.3 库存物品定期检验结果的处理方法

对库存物品定期检验结果的处理应以质量检验报告为依据进行。合格时可以维持现状，不合格时则需要按图5-3处理。

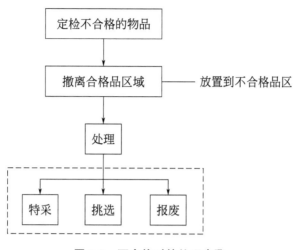

图5-3　不合格时的处理步骤

5.9 呆、废料的处理

呆、废料是在企业的生产经营中产生的，由于呆、废料的价值已经减少了很多，所以对其进行处理对于节省人力以及节约仓储空间等有很重要的意义。

5.9.1 呆料、废料的划分

5.9.1.1 呆料

呆料即物料存量过多，耗用量极少，而库存周转率极低的物料，这种物料只是偶尔耗用少许，甚至有根本不再有动用的可能。呆料为可用物料，没有丧失物料原来的特性和功能，只是呆置在仓库中很少动用。

通常是根据其最后异动日（该物料最近一次进出日期）判断，当其最后异动日至盘查日期的间隔日期超过180天时，仓库就可以通过填写"半年无异动滞料明细表"，如表5-2所示，报请主管人员审批。

表5-2 半年无异动滞料明细表

物料名称	单位	名称规格	入库日期	最近半年无异动			发生原因		拟处理方式		
				数量	单位	金额	原因	说明	办法	数量	期限

主管批准：　　　　　　　　　　　　　经办人：

5.9.1.2 废料

废料是指报废的物料，即经过相当使用，本身已残破不堪、磨损过甚或已超过其寿命年限，以致失去原有的功能而无利用价值的物料。

5.9.1.3 其他物料

（1）旧料，是指物料经使用或储存过久，已失去原有性能或色泽，致使物料的价值减低。

（2）残料，是指在加工过程当中所产生的物料零头，已丧失其主要功能，但仍可设法利用。

5.9.2 对呆料、废料的处理目的

呆废料的处理目的在于如图5-4所示几个方面。

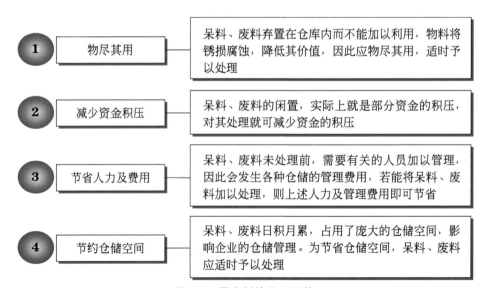

图5-4 呆废料的处理目的

5.9.3 呆料的预防与处理

5.9.3.1 呆料的预防

呆料预防重于处理,所以可以从呆料的产生原因来进行有效的防范(见表5-3)。

表5-3 呆料的预防

部门	预防措施
销售部门	(1)加强销售计划的稳定性,对销售计划的变更要加以规划;切忌使销售计划变更频繁,使购进的材料变成仓库中的呆料; (2)客户的订货应确实把握,尤其是特殊订货不宜让客户随意取消;否则材料准备下去,容易造成呆料; (3)消除客户百分之百的优先主义,客户预订的产品型号或规格应减少变更,尤其是特殊型号和规格的产品更应设法降低客户变更的机会;否则会造成很多的呆料; (4)销售人员接受的订货内容应确实把握,并把正确而完整的订货内容传送至计划部门
设计部门	(1)加强设计人员的能力,减少设计错误的机会,不至于因设计错误而产生大量呆料; (2)设计力求完整,设计完成后先经过完整的试验,才能大批订购材料; (3)设计时要尽量使零件、包装材料等标准化的努力。这样就可尽量避免零件与包装材料种类过多而使呆料增加
计划与生产部门	(1)加强产销的协调,增加生产计划的稳定性,对紧急订单妥善处理。如此可减少呆料的产生; (2)生产计划的拟订应合乎现状。若生产计划错误而造成备料错误,自会产生呆料; (3)生产线加强发料、退料的管理,则生产线上的呆料自然会减少; (4)新旧产品更替,生产计划应十分周密。以防止旧材料变成呆料
货仓与物控部门	(1)材料计划应加强,消灭材料计划失常的现象; (2)对存量加以控制,勿使存量过多。以减少呆料发生; (3)强化仓储管理,加强账物的一致性
采购管理部门	(1)减少物料的不当请购、订购; (2)加强辅导供应厂商,呆料现象自可降低
验收管理部门	(1)物料验收时,避免混入不合格物品,强化进料检验并彻底执行 (2)加强检验仪器的精良化,减少物料"鱼目混珠"的机会,消灭不良物料入库的机会

5.9.3.2 呆料的处理

处理呆料的途径主要有以下几种。

（1）调拨给其他单位利用。本部门的呆料，其他部门仍可设法利用，可将呆料进行调拨。

（2）修改再利用。既成呆料，利用机会就少，有时将呆料在规格上稍加修改，就能够得以利用。

（3）借新产品设计时推出，消化库存的呆料。

（4）打折出售给原来的供应商。

（5）与其他公司用以物易物的方式相互交换处理。

（6）破坏焚毁。对于无法出售、交换、调拨再利用的呆料，宜从物品的类别考虑分别破毁、焚毁或掩埋。

5.9.4 废料的预防和处理

5.9.4.1 废料的申报

对于储存的废料，仓管人员首先要填写物料报废申请表，如表5-4所示，得到相关部门的批示报告后再进行进一步的处理。

表5-4 物料报废申请表

TO：物控部
RM：仓库

品名	规格	报废申请原因	IQC重检单号	拟处理方式	数量	单价	金额	如变卖预计回收金额	备注
合计									
总经理			厂长		生管			仓库主管审核	
财务副总经理			技术/开发		品保			制表人	

5.9.4.2 废料的预防

废料产生的原因如图5-5所示。

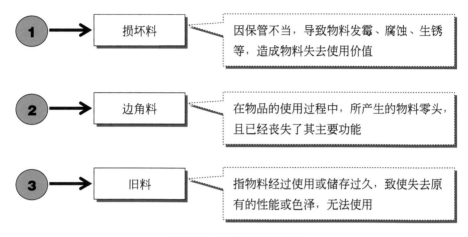

图5-5 废料产生的原因

根据废料产生的原因，可以采取以下预防对策。

（1）提高对物料的使用效率，尽量少产生边角料。

（2）建立物料的先进先出收发制度，以免堆积过久而成为陈腐报废的物料。

（3）机器设备定期作保养与维护，以减少机器的报废而发生的废料。

（4）做好仓库环境的清洁卫生，预防虫咬、霉腐、锈蚀等现象的发生，减少物料的毁损。

5.9.4.3 废料的处理

在规模较小的企业，当废料积累到一定程度时应做出售处理。在规模较大的企业，可将废料集中一处并从事物料解体的工作，将解体后的物料分类处理。

（1）废料解体后，其中有许多可移作他用的物料，如胶管、机械零件、电子零件等可以重新利用。

（2）废料解体后，其中仍有残料，如钢条、钢片等可作残料利用。

（3）废料解体后，所剩余的废料应小心分类，将钢料、铝、铅、铜、塑胶等适当分类。若可重新回炉，则送工厂再加工。分类后的废料按适当的价格向废品回收机构出售，废料分类可卖得较高的价钱。

（4）处理好后，同时做好档案资料，以备日后查询，其具体格式如表5-5所示。

表5-5 废料处理清单

物料名称	规格型号	物料状况	报废原因	预计残值（元）	实际收入	备注

仓管员：

专设废料区，存放工业废料，很方便。

各种废料分类存放。

第6章 出库管理

> **引言**　仓库根据客户（生产部、销售部）开出的货物出库凭证（仓单、领料单、提货单、调拨单），进行核单备货、复核、包装、点交、登账和清理等工作，过程的总称为出库管理。仓管人员必须做好货物出库前的准备工作，货物出库应严格按照程序办理，处理好货物出库中出现的问题，同时，认真做好货物的出库复核。

6.1 物料的出库

6.1.1 物料的发放流程

物料的发出是物料管理的重要组成部分。按照生产的需要及时地向各车间、部门供应适用的物料，对于保证生产的正常进行有着重要意义。物料发出的过程是指物料从仓库被发出到生产车间完成制造前的全部环节。仓库发出物料的流程图如图6-1所示。

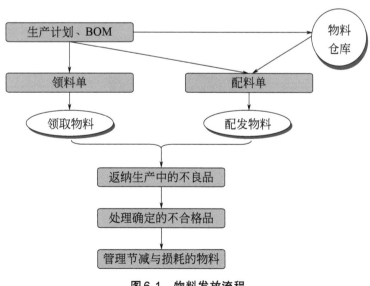

图6-1　物料发放流程

发出物料的过程具体包括以下事项。

（1）配料人员依据生产计划和物料清单事先配备好物料，领料人员填写领料单前来领料。

（2）搬运人员在规定的时间内将配备好的物料转运到生产部。

（3）配料以外的领料由生产部人员依据领料单来仓库领料。

（4）按先进先出的原则从仓库搬运物料。

（5）办理必要的交接手续。

（6）更新账簿和网络数据。

（7）返纳不良品。

（8）处理不合格品。

（9）物料平衡与核销。

（10）有效管理物品损耗等。

6.1.2 物料发放手续

企业仓库中发出的物料，包括生产领用、专用基金工程领用、发交外部加工、对外销售以及仓库之间内部转移等。

领用物料要认真核对凭证。

6.1.2.1 企业内部领用物料的手续和凭证

企业内部领用的物料，通常有限额发料和非限额发料两种方式。

（1）限额发料

限额发料也称定额发料，是由企业计划部门根据生产计划和物料消耗定额，事先为各车间的产品规定领用物料的数额，仓库就在规定的数额内对车间、部门发料，超过规定数额以后，除非另经批准，否则，仓库不再发料。

实行限额发料的制度不仅可以加强对物料消耗定额的管理，监督消耗定额的执行，而且可以加强物料供应的计划性，有利于正确地制定物料采购计划，有利于做好发料前的准备工作，避免忙乱和被动。因此，凡是用料品种比较固定而又需要多次领用的物料，都应尽量实行限额发料。

实行限额发料必须做好以下几方面的工作。

① 确定发料限额。

发料限额通常应由计划部门会同物资供应部门，根据已经批准的生产计划和消耗定额，分别根据产品品种、批别和物料品种来确定。发料限额确定以后应通知领料车间（或部门）、仓管部门和财会部门。

② 填发限额发料单。

限额发料单也称限额发料卡，如表6-1所示，一般由计划部门会同物控部门根据发料限额填发。

限额发料单至少填发一式两联，一联交领料部门凭单领料，一联交仓库据单发料，并在发料后作为记账的依据，在月末加以汇总后送交财务部门。

表6-1　限额发料单

物料编号	品名	规格	单位	单机用量	需求数量	标准损耗	领用限额	调整后限额	实发数量	备注

生产领料员：　　　　　　　　仓管员：　　　　　　　PMC：

限额发料单可以按每种物料分别填发（即一张限额发料单只包括一种物料），也可以按每种或每批产品填发（即一张限额发料单包括几种物料）。按每种物料分别填发的，称为一单一料，按每种或每批产品填发的，称为一单多料。采用一单一料的办法，便于发料凭证的汇总分类，但由于凭证数量较多，在领、发物料时不方便。采用一单多料的办法，领、发物料的手续比较方便，但不便于发料凭证的汇总分类，在核算上比较麻烦。

③ 严格执行发料限额。

实行限额发料制度以后，仓库必须按照发料限额准备物料，并严格按照限额发料，各车间必须在限额以内用料，如果由于生产任务超过原计划或其他原因，需要在限额以外领料时，必须按照原来确定限额的手续申请批准，未经批准不能发料。

④ 尽可能做到送料上门。

在实行限额发料的情况下，各部门的物料需用量，事先都已经通知仓管部门，仓管部门就可以按照各部门的用料需要，将物料及时送到用料部门，变上门领料为送料上门。实行送料上门不仅可以使生产工人省去领料的时间，用更多的时间从事直接生产，而且可以使仓库管理员经常深入生产第一线，了解生产情况，更好地为生产服务。

（2）非限额发料

非限额发料主要适用于临时需用以及无法确定限额的物料。

实行非限额发料，在发料时应由领料车间（部门）填具领料单，如表6-2所示。至少一式三联，其中一联在仓库发料后退回领料部门，一联留仓库，据以登记物料明细账，另一联送交财会部门，作为核算依据。

表6-2 领料单

制造单号：　　　　　　　产品名称：　　　　　　　　　　　No.：
生产批量：　　　　　　　生产车间：□物料　　□半成品　　日期：

序号	料号	品名	规格	单位	计划用量	标准损耗	实领数量	备注

生产领料员：　　　　　　仓管员：　　　　　　PMC：

6.1.2.2　物料销售的手续和凭证

工厂的物料销售包括废料出售、呆滞积压物料的处理，以及对其他企业的临时性支援等。工业企业的物料销售，不论出于什么原因，都应由供应部门会同销售部门填制销售物料发料单，如表6-3所示，至少一式三联，通知仓库发料。仓库发料后，一联退回供应部门，一联留存仓库，据以登记物料明细账，另一联送交财务部门作为核算依据。

为了简化销售物料的发料手续，销售物料发料单也可以与物料销售发票合并填制，即在销售物料的发票中增设数联，以代替销售物料发料单。

表6-3 发料单

制造单号：　　　　　　　　　产品名称：　　　　　　　　　No.：
生产批量：　　　　　　　　　生产车间：□物料　　□半成品　　日期：

物料编号	品名	规格	单位	单机用量	需求数量	标准损耗	实发数量	备注

生产领料员：　　　　　　　　仓管员：　　　　　　　　PMC：

6.1.2.3 仓库之间物料转移的手续和凭证

在物料管理工作中，由于仓库之间分工的变更，堆放场地的调整以及物料分类的改变等原因，往往会发生各个仓库之间互相转移物料的情况。仓库之间的物料转移，应由供应部门填制物料内部转移单（见表6-4），至少一式三联，通知收料仓库到发料仓库领料，收料仓库领取物料后，物料内部转移单由收料仓库和发料仓库分别收取一联，据以登记物料明细账，其余一联交财务部门作为核算依据。

表6-4 内部调拨单

编号：　　　　　　　　　　　　年　　月　　日

品名	物品编号	型号	规格	单位	数量	单价	金额	备注

调入仓库		调出仓库		财务部	
仓管员	仓库主管	仓管员	仓库主管	负责人	财务主管

说明：此单一般一式三联，物品调入部门、调出部门及财务部各一联。

6.1.3 物料发放原则

物料的发放必须实行遵守规定程序、物料先进先出、准备充分、及时记账、保证安全等原则，如图6-2所示。

1	遵守规定程序	物品发放必须按规定程序进行，领料提货单据必须符合要求
2	物料先进先出	物料发放必须在保证物料使用价值不变的前提下，坚持"先进先出"的原则。同时要做到保管条件差的先出、包装简易的先出、容易变质的先出、有保管期限的先出、回收利用的先出
3	准备充分	为使物料得到合理使用，及时投产，必须快速、准确发放。为此，必须做好一起发放的各项准备工作。如化整为零、备好包装、复印资料、组织搬运人力、准备好设备工具等
4	及时记账	物料发出后，应随即在物料保管账上核销，并保存好发料凭证，同时调整物料卡、吊牌
5	保证安全	物料发放，要注意安全操作，防止损坏包装和震坏、压坏、摔坏物品。同时，仓管人员还必须经常注意物品的安全保管期限等，对已变质、已过期失效、已失去原使用价值的物品，不允许分发出库

图6-2 物料发放原则

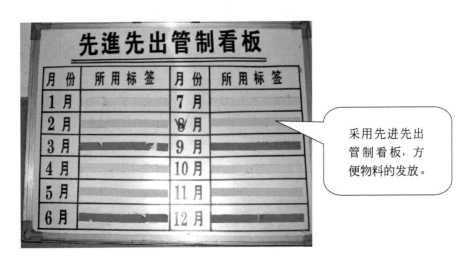

采用先进先出管制看板，方便物料的发放。

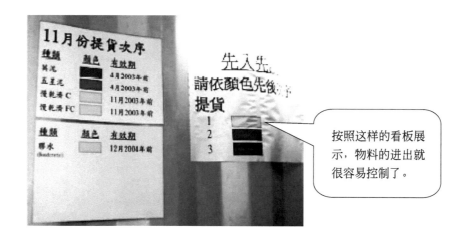

6.1.4 领料凭证的审核

领料凭证是物料发放的前提和依据,在发料前仓库必须对各种不同类型的领料凭证进行审核,才能进行物料发放。

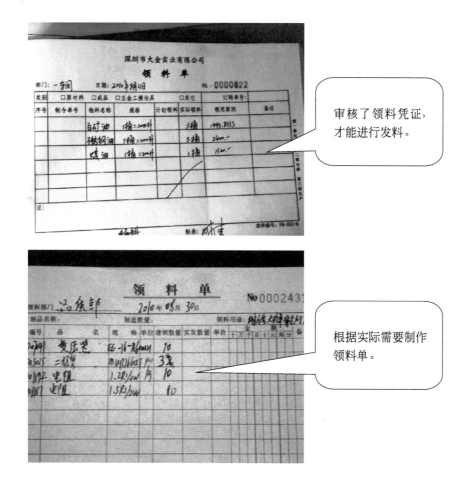

6.1.4.1 常见领料凭证

（1）领料单

领料单是最常用的凭证，它有定额和非定额两种形式。

① 定额领料单。定额领料单适用于有消耗定额物品的领用，它通常由供应部门根据生产作业计划和物品消耗定额核算后填制，由领料部门凭单领料或由下料部门领出集中下料。其基本格式如表6-5所示。

表6-5 定额领料单

编号：

领料部门					仓库			
日期			至		物品用途			
计划生产量					实际生产量			
物品名称	物品编号	规格	单位	领用限额	调整后限额	实际耗用		
						数量	单价	金额
领料记录								
领料日期	请领数量	实发			退料			限额结余
		数量	发料人	领料人	数量	发料人	领料人	

计划部门：　　　供应部门：　　　仓管员：　　　领料部门（人）：

② 非定额领料单。非定额领料单适用于没有消耗定额的物品的领用，是一种一次性使用的领料凭证，其基本格式如表6-6所示。

表6-6 非定额领料单

编号：

领料部门			仓库		
领料日期			物品用途		
物品名称	物品编号	规格	单位	请发数量	实发数量	备注

生产主管：　　　仓库主管：　　　领料人：　　　发料人：

说明：此领料单一式四联，一般只填写一种物品，以便分类和统计。

（2）其他领用凭证

物品领用凭证，除了常见的满足生产性用料的领料单外，还有仓库与仓库之间的材料内部调拨单，为售后服务专设的成品零件、外购件借用凭证、委托外部加工的产品发料单等。

① 物品内部调拨单。物品内部调拨单是企业仓库与仓库之间互通有无、调整储备的一种货物调拨出库凭证，如表6-7所示，它的格式可根据各单位的具体情况来确定。

表6-7　内部调拨单

拨出仓库：_____　　　拨入仓库：_____

开单日期：____年____月____日字第____号

项数	物品编码		物品名称及说明	单位	数量		相关文件	
	物品号码	检查号码			请领	实拨		
							运交地点	
							调拨单编号	
							管料员发料签章	年　月　日
							会章	
							记账员	

拨入收料主管：　　　　　　经办人：　　　　　　拨出发料主管：　　　　　　经办人：

第一联：核办部门存查　　　　　　　　　　第四联：收料部门送分公司料账部门
第二联：拨料部门记账后存查　　　　　　　第五联：收料部门记账后存查
第三联：拨料部门送分机构料账部门　　　　第六联：收料部门签复拨料单位
核办主管：　　　　　　　　　　　　　　　经办人员：

② 成品零件、外购件借用凭证。成品零件、外购件借用凭证是为售后服务专设的，如表6-8所示。当企业的售后服务人员为客户进行维修服务时，可先凭"成品零件、外购件借用凭证"把预订要更换的部件预借出库房，并将其带到用户处做更换零件或外购件用。

表6-8 成品零件、外购件借用凭证

编号：

产品型号		借用部门		借用日期	
借用零件名称	借用零件型号	单位	数量	用途说明	备注

仓库主管：　　　　　借用部门主管：　　　　　借用人：　　　　　发料人：

③ 委托加工物品领料单。这里的委托加工主要是指企业向承接加工单位提供生产资料，承接加工单位加工完成后再将成品送回委托企业，并收取一定加工费用的方式。这种方式出库应凭"委托加工物品发料单"发料，如表6-9所示。

表6-9 委托加工物品发料单

加工企业：　　　　　　　　发料日期：　　　　　　　　发料仓库：

合同编号	加工后材料名称规格	计量单位	数量	加工要求	交货日期	
材料编号	材料名称	计量单位	数量	材料成本		加工费	运输费	实际成本合计
				单价	金额			

记账：　　　　　　　发料：　　　　　　　制单：

6.1.4.2 对凭证进行审核

当领料人员持领料单到仓库领料时，仓管人员应就以下问题对领料单进行审核。

（1）审核出库凭证的合法性和真实性，查看领料单上是否有相关部门的印章或负责人签名。

（2）核对领料单上的领料日期，发现超过有效领料日期的，应请其重新开具。

（3）核对领料单上物品品名、型号、规格、数量是否与库存实际相符。

6.1.4.3 发料的注意事项

领料凭证的审核必须认真仔细,碰到以下情形绝不能发料。

(1)非规定的领料人领料。
(2)无"生产计划单"的领料。
(3)生产尚未进行的过早领料。
(4)应该领用差一级品质的物料,而执意要领较好物料的。
(5)"领料单"填写不清、不全、不规范的。
(6)"领料单"未按有关规定交主管领导审批的。

6.1.5 备料

备料要按物品出库凭证,如"领料单""物品出货通知单""物品调拨单"等所列项目进行,不得随意变更。

各类要发的物料都在备料区准备好。

依据要求将应物料准备好,并清点装箱。

备料的流程如图6-3所示。

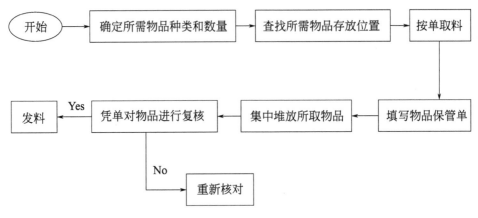

图6-3 备料的流程

备料时要按号找位、凭单配货，遵照"先进先出"的原则，并采用适当的备料方法。

采用"先进先出"的措施。在出库时，应采用"先进先出"的方法，以确保物品储存的质量，防止由于储存时间过长导致物品损坏、变质。

使用适当的备料方法。根据需准备物品的不同，仓管人员要采用原箱原捆备料、原桩原货垛备料、拆箱拆捆备料等方法，它们各自适用范围和操作方法如表6-10所示。

表6-10 备料方法适用范围操作说明

备料方法	适用范围	操作说明
原箱原捆备料	出库物品量或购销发运量较大的发货业务	不需拆箱拆捆，数量品种搭配只需按整箱整捆备齐发货量就可发放
原桩原货垛备料	发货量是整批数、品种单一的物品	在货物原堆桩原货垛处，按领料单所需品名、数量点齐，并在原货垛上标出发货量记号，待取料时，仓管人员在原货垛上只需按事先标定的数量记号，将物品点交发放即可
拆箱拆捆备料	领料量较小，或领料、发运量大，但品种多样需拆零配料的业务	备料时将物品拆箱、拆捆，料备好后再对物品进行重新包装，并在包装内附上装箱单，其上注明所装物品品名、牌号、规格、数量和装箱日期，并由装箱人签字或盖章

6.1.6 物料发放

当仓库准确无误地完成备料工作后，接下来就要对所备物料进行发放、交接。

物料清点无误后,再将料领走。

6.1.6.1 物料发出的方式

常用发出物料的方式有两种,即配发和领取,如图6-4所示。

(1)配发

配发即由仓库按生产制造命令单或生产计划要求把所需物料调配好,并主动送到需要使用的部门。

(2)领取

领取是指由物料使用部门(车间、工程部、外协厂等)按需求把所需要的物料开具领料单,然后到仓库领取。

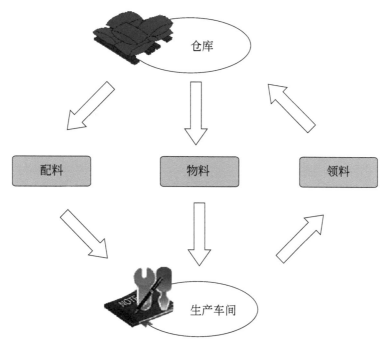

图6-4 仓库与生产车间之间的配料、领料过程图

6.1.6.2 具体发放作业要领

（1）当面清点物料

将领料单上的物料备齐后，仓管人员要与领料人员再一次确认发料单的填写及签章是否确实、编号是否连续，并一起对物料进行最后一次清点，以确保物品种类、数量的准确。

（2）办理移交手续

物品清点无误后，仓管员应该在领料单上填写实际发放数量并签字，然后将领料单交给领料人员，请领料人员在相应位置签字。

（3）物品交付

移交手续办理完成后，就可以让领料人员将物品领走了，如图6-5所示。

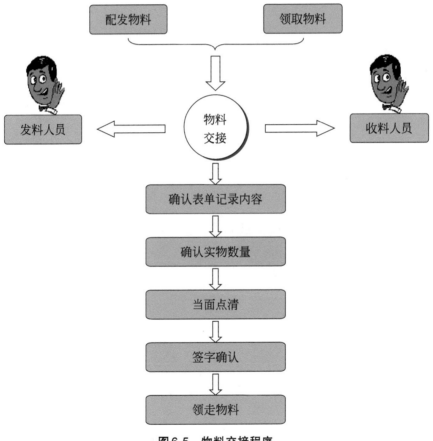

图6-5 物料交接程序

6.1.7 做好登记作业

物品发放完毕后，仓管员要根据领料单调整库存账目，使账、物、卡重新达到平衡状态，并编制"物品收发日报表"及"出货台账"，以便为日后的统计工作打下基础。

发放完毕,要登记入账,为以后账目核实做准备。

物品发放完成后,仓管员要编制物品收发日报表与出货台账,如表6-11、表6-12所示,做好登记作业。

表6-11 物品收发日报表

仓库名称: 统计日期:

品名	前日进货累计	本日进货	进货累计	未进货量	前日出货累计	本日出货	出货累计	库存	退货		备注
									本日	累计	

审核: 填表:

表6-12 出货台账

日期: 仓库:

编号	名称	规格型号	单位	单价	出仓数量	质量等级	销售清单号	交货人	检验人	收货人	储存位置	备注

复核: 仓库主管:

6.1.8 发料问题的处理

在发料过程中,经常出现无单领料、单料不符、物料错发等异常问题,都需要进行合理处理,具体处理要领如图6-6所示。

无单领料——无单领料是指没有正式领料凭证而要求领料,如以"白条"和电话领料,遇到这种情况,仓管人员不能发料

凭证问题——发料前验单时,若发现领料凭证有问题,如抬头、印鉴不符,有涂改痕迹,超过了领料有效期,应立即与需用部门联系,并向上级主管反映。备料后复核时发现凭证有问题,仓管员应立即停止发料作业。总之,手续不符,仓管人员有权拒绝发料

单料不符——发料之前验单时,若发现提料凭证所列物品与仓库储存的物品不符,一般应将凭证退回开单部门,经更正确认后,再行发料。遇到特殊情况,如某种物品马上要断料,需用部门要求先行发货,然后再更改提料凭证时,经上级主管批准后,可以发料。但应将联系情况详细记录,并在事后及时补办更正手续。若备料后复核时发现所备物品与提单凭证所列不符,应立即调换

包装损坏——物品外包装有破损、脱钉、松绳的,应整修加固,以保证搬运途中的安全。若发现包装内的物品有霉烂、变质等质量问题或数量短缺时,不得以次充好,以盈余补短缺

料未发完——物品发放,原则上是按提料单当天一次发完,如确有困难,不能当日提取完毕,应办理分批提取手续

料已错发——如果发现料已错发,首先应将情况尽快通知需用部门,同时报告上级主管,然后了解物品已发到什么环节或地方,能及时追回的应及时追回;无法追回的,应在需用部门的帮助下,采取措施,尽量挽回损失,然后查明原因,防止日后再出现类似情况

图6-6 发料问题的处理要领

部分包装有坏损，需要重新更换或整修加固。

要使用完好包装的物料。

6.1.9 退料管理

物料的退还是指需用部门领用的物品，在使用时遇到物品质量异常、用料变更或盈余时，将已办理发放手续的物品退回给仓库的业务活动，流程见图6-7，退料单、补料单见表6-13、表6-14。通常物料退回缴库的对象包括下列几项。

（1）规格不符的物料。

（2）超发的物料。

（3）不良的物料。

（4）呆料。

（5）报废物料。

退料补货往往要涉及几个部门，如仓管部负责退料的清点与入库，品管部负责退料的品质检验，生产部负责物料退货与补料等，所以需要物料退料补货的控制程序。

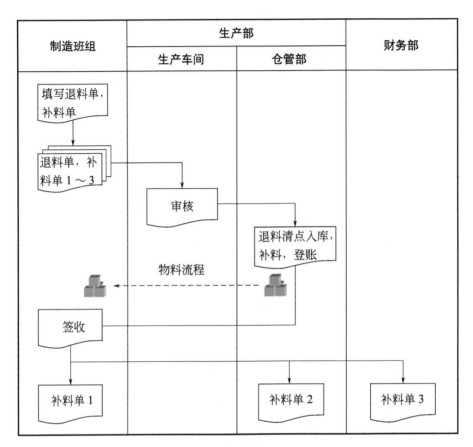

图6-7 退料、补料作业流程图

表6-13 退料单

退料部门：　　　　　　　　　　　　退料部门编号：
收料库：　　　　　　　　　　　　　收料库编号：
原发料编号：　　　　　　　　　　　日期：

物料编号	品名	规格	单位	金额	数量		品管鉴定	退料原因	备注
					退货	实收			

仓管员：　　　　　　　　品管员：　　　　　　　　退料员：

表6-14 补料单

制造单号：　　　　　　产品名称：　　　　　　No.：
生产批量：　　　　　　生产车间：□物料　　□半成品　　日期：

物料编号	品名	规格	单位	单机用量	标准损耗	实际损耗	损耗原因	补发数量	备注

生产领料员：　　　　　　仓管员：　　　　　　PMC：

6.1.10　物料超领的管理

当"领用单"上所核定数量的物料领用完毕后，制造部门如需追加领用物料时，必须由制造部相关人员填具"物料超领单"方可领料，并要注明超领物料所用的批量、超领物料编号、名称、规格及超领数量、超领率等。

6.1.10.1　超领原因分析

（1）原不良品补料，上线生产时发现物料不良时，需追补。

（2）作业不良超领，因生产作业原因造成物料不良时，需超领。

（3）下道工序超领，因下道工序超领物料，需本工序追加生产数量，导致需追加领料。

（4）其他突发原因。

6.1.10.2　超领权限规定

（1）确定可领用数量。

$$可领用数量 = 制造命令批量 \times 每单位产品用量 \times (1+损耗率)$$

其中单位产品用量及损耗率依照"产品用料明细表"确定。

（2）超领率低于1%时，由制造部主管审核后，可领用物料。

（3）超领率大于1%小于3%时，由制造部主管审核后，转生产管理部物控人员审核后，才可领用物料。

（4）超领率大于3%时，除上述人员审核外，需经生产副总审核，方可领用物料。

（5）"物料超领单"一式四联，如表6-15所示，一联由生产部门自存，一联交仓库，一联送生产管理部门物控人员，一联交财务部。

表6-15　物料超领单

领用部门：　　　　　　　　　　　　日期：

制造命令号：			批量：		
超领物料编号	名称	规格	超领数量	超领原因	超领率

仓管员：　　　　　　　　领料员：　　　　　　　　PMC：

6.2　成品出货

成品出仓是物品储存业务的最后一个环节，与物品发放不同，它多属企业对外的活动，是仓库根据业务部门开出的成品出库凭证，按所列项目组织成品出库的一系列工作的总称。

所有需要出货的成品都要集中到成品区。

货柜运输,注意要码放整齐,节约货柜空间。

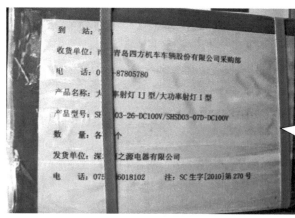

成品箱上应张贴好标识纸,以便到货时核对。

6.2.1 成品出仓的要求

从成品仓发出到客户的产品必须是经过OQC检验合格的库存良品,发出时要做到以下几点。

(1)确认出库单填写完整、内容正确。
(2)确认出库的实物与出库单的内容相一致。
(3)确认出库的产品包装状态完好。
(4)确认出库的运送方式符合要求。
(5)按出库的账目记录账簿。

6.2.2 出货的准备工作

出货的准备工作事项如图6-8所示。

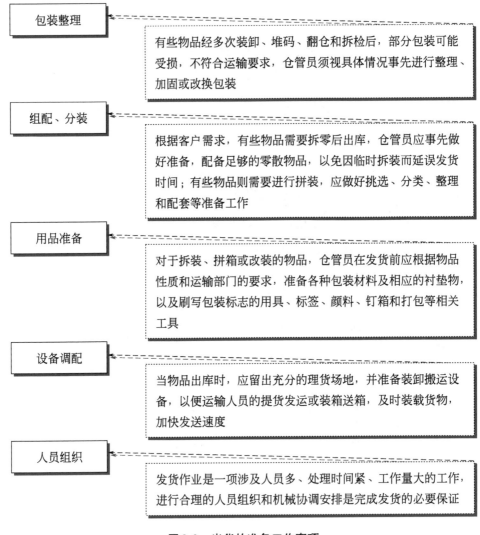

图6-8 出货的准备工作事项

6.2.3 出货记录

出货记录是出货责任人完成出货任务的证据。

（1）记录之前首先要确认运单，确认内容主要有：运输公司的名称、运号、车号，出货的产品、型号、订单号、批号、数量，转运地和目的地。确认时要仔细辨别运单的真伪。

（2）要确认装箱的数量和包装状态，主要有：产品的流水号；码垛放置的层数与行数；货与货柜壁之间的间隙；货物受挤压的程度；是否装满或装载的程度。

（3）还要确认装箱后锁闭状态，主要有：门闩是否已经拴好；铅封的封闭状态是否良好。

（4）其他需要确认的内容还有：装车的起止时间；必要时，有关运输的保险事务，通关资料的准备情况，相关的经手人、见证人、监督人员姓名等也要记录下来。

（5）必须要让拉货的司机或运方负责人在该记录上签字、承认。

出货记录的详细格式应制成表单共同使用，它的格式参见表6-16。

表6-16 出货记录表

日期：

车牌号：				转运国家/地区：						
货柜号/材积：				转运城市/港口：						
运输公司：				目的国家/地区：						
运单号：		司机姓名：		目的地城市名：						
序号	品名	型号	数量	单位	订单号	包装状态	箱数	货盘数	流水号	备注
进入时间：				开始时间：				完成时间：		
特别事项说明：										

经手人：　　　　　批准人：　　　　　司机：

6.2.4 出货装车

出货装车时需要确认以下事项。

（1）确认出货的文件，如通报、出货通知单等。

（2）确认出货数量、产品流水号码、箱号等。

（3）确认产品包装状态、贴纸、其他标记。

（4）确认出货地点。

（5）确认托运公司的车、船时间及装运工作。

（6）确认回条。

6.2.5 出货报告

（1）出货报告的用途

出货报告是仓库完成出货后制定的证实性记录文件。出货报告由仓库主管制定，制成后发放到财务部、市场部、生产管理办公室等相关部门使用。出货报告要及时发出，最好是出货的当天内就完成。其用途主要有以下几点。

① 财务部用于记账。

② 生产管理办公室用于调整生产、统计业绩。

③ 市场部用于安排销售、确认货期。

（2）出货报告的内容

出货报告的内容要可以清楚地反映本次出货的详细情况，如出货产品类别、名称、规格、型号，出货产品的批号、批量和数量，完成出货日期，出货地点等。出货报告是文件，可以用表单的形式表现，数量至少一式四份。表6-17提供一个格式供参考。

表6-17 出货报告

日期：　　　　　　　　　　　　　　　　　　　　编号：

序号	品名	型号	批号	订单号	出货数量	箱数	箱号	目的地	集装箱号	承运公司	备注

特别事项说明：

| 出货地点 | | 完成时间 | |
| 生管确认 | | OQC确认 | |

备考：

| 担当： | 检讨： | 批准： |

分发：□市场部　　□财务部　　□生产管理办公室　　□其他部门

签收：

（3）出货报告的保存

出货报告应作为重要记录进行保存，以便达到追溯性、明确责任、统计使用的目的。

出货报告的保存期限一般应是使用的当年再加一个日历年。这个期限是最小的时间，使用中可以更长。例如，2018年3月的出货报告至少要保存到2019年12月31日。2018年是使用的当年，2019年1～12月是一个日历年。

> **提醒您：**
>
> 成品出货后，物品实物、保管卡、账目和档案等都发生了变化，因此，仓管员还要对库存账目进行整理。

6.2.6　成品出货的注意事项

成品出货要注意以下几点。

（1）"三不"，即未接单据不翻账、未经审单不备货、未经复核不出库。

（2）"三核"，即在发货时，要核实凭证、核对账卡、核对实物。

（3）"五检查"，即对单据和实物要进行品名检查、规格检查、包装检查、数量检查、重量检查。

6.2.7　出货中异常情形处理

在成品的出货过程中，由于人为原因会出现一些异常情形。而有些问题在出库后才被发现，这就需要了解出现异常的处理方式。如图6-9所示。

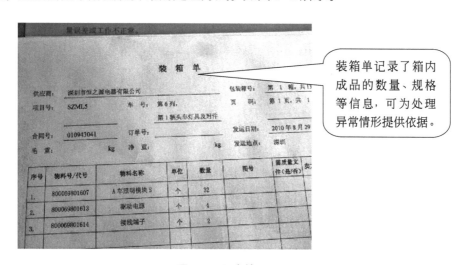

装箱单记录了箱内成品的数量、规格等信息，可为处理异常情形提供依据。

图6-9　异常情形处理

6.2.7.1 出库过程异常情形处理

（1）出库凭证（提货单）异常

① 凡出库凭证超过提货期限，用户前来提货，必须先办理手续，按规定缴纳逾期仓储保管费后方可发货。任何非正式凭证都不能作为发货凭证。提货时，用户发现规格开错，仓管员不得自行调换规格发货。

② 凡发现出库凭证有疑点，以及出库凭证发现有假冒、复制和涂改等情况时，应及时与仓库保卫部门以及出具出库单的单位或部门联系，妥善进行处理。

③ 物品进库未验收，或者出现未进库的出库凭证，一般暂缓发货，并通知客户待货到并验收后再发货，提货期顺延。

④ 如果发现出库凭证规格开错或印鉴不符时，仓管员不得调换规格发货，必须通过制票员重新开票方可发货。

⑤ 如客户因各种原因将出库凭证遗失，客户应及时与仓管员和账务人员联系挂失；如果挂失时货已被提走，仓管员不承担责任，但要协助客户找回物品；如果货还没有提走，经仓管员和账务人员查实后，做好挂失登记将原凭证作废，缓期发货。仓管员必须时刻警惕，如再有人持作废凭证要求发货，应立即与保卫部门联系处理。

（2）提货数与实存数不符

若出现提货数量与物品实存数不符的情况，一般是实存数小于提货数。造成这种问题的原因主要有以下几种。

① 如属于入库时记错账，则可以采用"报出报入"方法进行调整。

② 如属于仓管员串发、错发而引起的问题，应由仓库方面负责解决库存数与提货数间的差数。

③ 如属于客户漏记账而多开提货数，应由客户出具新的提货单，重新组织提货和发货。

④ 如果是仓储过程中的损耗，需要考虑该损耗是否在合理的范围内，并与客户协商解决。合理范围内的损耗，应由客户承担；而超过合理范围之外的损耗，则由仓储部门负责赔偿。

（3）串发货和错发货

串发货和错发货主要是指仓管员由于对物品种类、规格不熟悉，或者由于工作中的疏漏，把错误规格、数量的物品发出库的情况。

如果物品尚未离库，应立即组织人力，重新发货。如果物品已经离开仓库，仓管员应及时向主管部门和客户通报串发货和错发货的品名、规格、数量、提货单位等情况，会同客户和运输单位共同协商解决。一般在无直接经济损失的情况下由客户重新按实际发货数冲单（票）解决。如果已形成直接经济损失，应按赔偿损失单据冲转调整保管账。

货物串发，在尚未离库前，要重新装车发货。

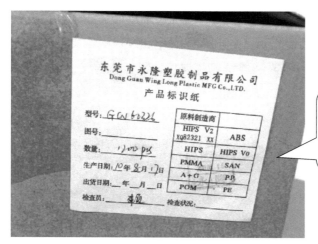

产品标识纸可以有效防止串发货。

6.2.7.2 出库后异常情形处理

（1）在发货出库后，若有客户反映规格混串、数量不符等问题，如确属仓管员发货差错，应予纠正、致歉；如不属仓管员差错，应耐心向客户解释清楚，请客户另行查找。凡属易碎物品，发货后客户要求调换，应以礼相待，婉言谢绝。如果客户要求帮助解决易碎配件，要协助其联系解决。

（2）凡属客户原因，型号、规格开错，制票员同意退货，仓管员应按入库验收程序重新验收入库。如属包装或产品损坏，仓管员不予退货，待修好后，按有关入库质量要求重新入库。

（3）凡属产品的内在质量问题，客户要求退货或换货，应由质检部门出具检查证明、试验记录，经物品主管部门同意，方可退货或换货。

（4）退货或换货产品必须达到验收入库的标准，否则不能入库。

（5）物品出库后，仓管员发现账实（结存数）不符，是多发或错发的要派专人及时查找追回以减少损失，不可久拖不予解决。

第 7 章 仓库盘点

> **引言** 仓库管理是当今企业管理特别是物流管理中非常重要的一个环节。仓库内的物资周转的效率越高,说明了企业产品的市场周转率越快,企业的经营效果就越好,仓库内的物资差错率越低,保管率越好,说明企业的综合管理水平越高。仓库的物资的数量越准确,越详细,直接指导企业的经营决策,也是为企业提供财务数据,知道家底的一个最重要的手段。为了让仓库的管理工作细致,物资完好,数据准确,发挥仓库在物流中的效应,在管理中的作用中最重要、最基础的一个手段就是抓好仓库的盘点工作。

7.1 盘点的作用

企业的生产活动中,物料(品)的出入库,都有相关单据、账册记录来管理。但实际调查现物时,会出现和账册有所出入。这就存在两种库存"账面库存"和"实际库存"。需要做定期的盘点。

7.1.1 让企业了解物资的库存量,提供经营决策的依据

财务账目中的库存量的来源数据出自哪里,出自于进出货单,而进出货单据是否准确,就在于进出货是否真正地从仓库这个环节周转,盘点仓库能监督进出货单的准确,反过来也能看出仓库保管是否按要求做到出入库无失误,这是一个双向监管的一个过程,不盘点,等于把这个管理监督手段自动取消了,失去了应有的作用。

通过仓库的盘点,企业能掌握一个准确的数据,出入货量大的产品肯定是市场比较热销的,而压库时间比较长的产品,必是滞销物,通过了解这些情况,企业作出相应的反应,调整自己的销售策略,改进自己的销售方向,同时对滞销的产品进行清仓,尽量压缩库存,减少资金的积压,增加资金的流动性,让企业的产品处于良性的循环。

7.1.2 让企业了解仓库及其他方面的管理是否规范

仓库盘点以后货损量大，就能说明仓库管理工作的不认真，在工作中存在漏洞，通过分析盘点的缺损数据，追究相关的情况就能了解到问题出现在什么地方，是仓库的管理不善，还是进出货的渠道中有不完善的地方，还是流转过程中存在问题，这样可以针对性地拿出解决的方案，弥补管理漏洞。

7.1.3 让仓库管理人员更好地执行规定

正常化的盘点工作会让仓库管理人员不敢有丝毫的懈怠，因为随时的缺损都能清楚地表现出来。仓库内的物资的正确合理的摆放，报废过期物资的正确处置，零散物资处理的得当与否直接决定了仓库盘点工作是否正常快速有效地进行，是检验他们是否认真工作的一个主要手段，促进他们不敢有丝毫放松的想法，认认真真地把仓库管理工作抓实抓细抓好。同时决策者也可以对盘点的时间进行掌握，就能了解到仓库内的物资的摆放情况，对仓库的现场工作立即检查管理。

7.1.4 是检查仓库现场管理的一个有效手段

每个企业针对自己的物资有一定的要求和特点，一般都会总结出一个最佳的保管、储运办法，这个办法最大的体现就在于现场的管理操作的方便性，是否方便、恰当、符合企业的要求，从仓库盘点就能看出端倪，越快越好，说明方法越佳。而如果越慢越理不顺，除了流程上面有问题外，仓库的现场管理一定非常差，非常不符合规范的要求，企业在这个时候一定要作出调整的决定，对仓库的管理进行必要的改进。

7.2 盘点的方法

物品盘点是为确定仓库内或其他场所现存物品的实际数量，而对物品的现存数量加以清点，并核对账面数。通过盘点可以发现库存物品数量上的溢余、短缺、规格互串等问题，以便及时查找并分析原因，采取措施挽回或减少损失。

进行实地盘点,并做好记录。

7.2.1 定期盘点和循环盘点

(1)定期盘点,即按照一定的期限如三个月(季)、六个月(半年)进行一次盘点(定期盘点)。这时,仓库、制程中所有的物品都要同时做盘点。同时盘点,是把所有的物品一起盘点,这就必须停止出入库、移转等物流活动。

(2)循环盘点,它是对规定应盘点的物项(A类物料),以几天的时间为周期,进行盘点的工作。

7.2.2 账簿盘点和实地盘点

(1)账簿盘点,是以记录着每天的出入库数量及单价的库存总账簿或库存卡为准,再依照理论来计算并且掌握库存的数量,如图7-1所示。也就是说,将一般库存的进货、出货、存货的这种流动性持续记录并计于账簿内。

如果没有将库存状况持续记录下来,在经营上也会出现许多问题。如果无法实行账簿盘点,则必须进行实地盘点的工作,否则便无法得知利润的多寡。

再说,要得知采购量和销售量是否相符,就必须靠持续的库存记录来判断,否则等到发现交易不正常的情形,可能为时已晚了。

(2)实地盘点,以实际调查仓库的库存数计算出库存额,又称实盘。因为在实际工作中,记录在账簿上的库存量与实际库存量并非完全一致,这就必须将实际的现货量进行仔细确认。实地盘点的进行时间及其方法分为以下三种。

① 依场地的不同又可分为仓库盘点、在制品盘点。

② 依期限的不同可分为定期盘点、不定期盘点、平日盘点。依公司的规定在每个月月底、每半个月或每星期的间隔中进行的盘点就是定期盘点。而属于一般业务的每月盘

点即是平日盘点，这是许多企业最常用的盘点方法。还有一种只在需要时才进行的，就是不定期盘点。

③ 依方法分类分为统一盘点、循环盘点。

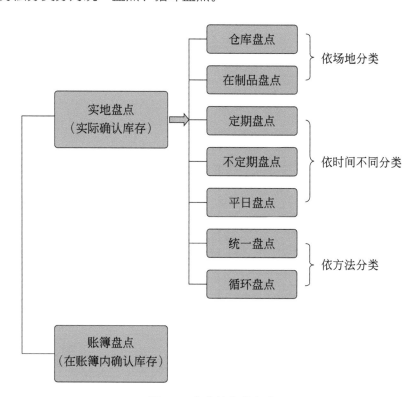

图 7-1　盘点的各种方法

7.3　盘点工具表格

盘点作业使用的记录工具多种多样，如：盘点传票、盘点卡、盘点架等。

进行盘点并填写盘点记录。

7.3.1 盘点传票

（1）按计划要求做成盘点传票（记录品名、品号等）。

（2）送交盘点人。

（3）记录现货的数量及日期。

（4）撕去一半（表示已盘）。

（5）撕去的一半收回做统计等盘点处理。

盘点传票的样式及使用，如图7-2所示。

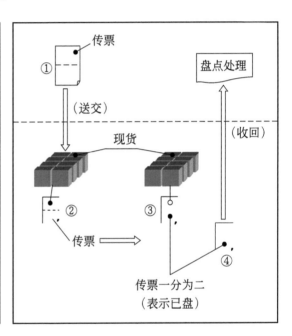

图7-2　盘点传票的样式及使用方法

7.3.2 盘点卡

盘点卡需要收回，不能留在现货处。

（1）按计划要求，做成盘点卡（记入品号等）。

（2）送交盘点人。

（3）记录现货数量及盘点日期。

（4）收回做盘点处理。

盘点应用，如图7-3所示。

盘点卡

卡号		日期			
物品名称		物品编号			
物品规格		存放位置			
账面数量		实盘数量		差异	
备注					
复盘人					
盘点人					

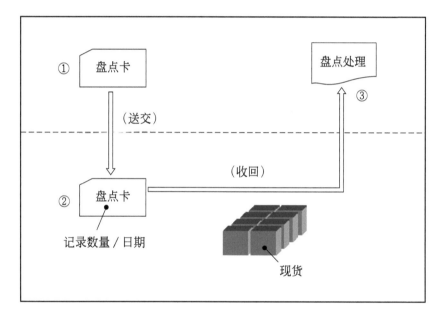

图7-3 盘点卡及使用

7.3.3 盘点架

（1）按计划要求，做成新的盘点架。

（2）送交现货处理盘点人。

（3）在原有（旧）的盘点架上，填入现货的数量及日期（旧盘点架为上次盘点时所做成，记录着从上次盘点到现时的出库情况）。

（4）把余数（现货数）转记到新盘点架上。

（5）收回旧盘点架作盘点处理。

（6）新盘点架转仓库管理。

盘点架的样式及使用方法，如图7-4所示。

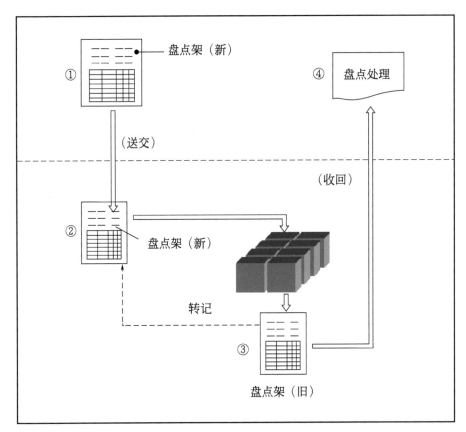

图7-4　盘点架的样式及使用

7.4 盘点的程序

了解整个盘点作业的基本程序是正确实施盘点的前提条件。

仔细盘点并做记录，便于盘点盈亏的统计。

实地盘点的程序如下所述。

（1）决定进行盘点的日期与时间。

（2）决定进行盘点的品目。

（3）决定各项目的负责人。

（4）决定、安排并保管盘点记录的方法。

（5）进行实地盘点。

（6）盘点计算以及记录纸张的回收。

（7）将账簿内的库存与实地盘点结果相比对。

（8）依照比对结果进行处理方法的检讨及实施。

在付诸实施时，就要先制作一张实行计划表，事先掌握基本的程序，并且先行商议及检讨后再付诸实施。

7.5 盘点准备

盘点准备是盘点工作顺利开展的基础，盘点工作需要充分的事前准备，同时对盘点人员进行认识物料及盘点方法的培训，以保证盘点的顺利进行。

盘点前清理好仓库，为盘点做好准备。

盘点前要退回生产线上的不良物料。

做好盘点前的准备工作，具体可从以下几方面着手。

7.5.1 盘点前的清理工作

盘点前仓库的清理工作主要包括以下几点。

（1）供应商所交来的物料还没办完验收手续的，不属于本公司的物料，所有权应为供应商所有，必须与公司的物料分开，避免混淆，以免盘入公司物料当中。

（2）已验收完成的物料应即时整理归仓，若一时来不及入仓，要暂存于仓库，记在仓库的临时账上。

（3）仓库关闭之前，必须通知各用料部门预领关闭期间所需的物料。

（4）清理、清洁仓库，使仓库井然有序，便于计数与盘点。

（5）将呆料、不良物料和废料预先鉴定，与一般物料划定界限，以便正式盘点时做最后的鉴定。

（6）将所有单据、文件、账卡整理就绪，未记账、销账的单据均应结清。

（7）仓库的物料管理人员应于正式盘点前，找时间自行盘点，若发现有问题应做必要且适当的处理，以便正式盘点工作的进行。

7.5.2 盘点前生产线退料

配合生产线的盘点工作，生产线的退料工作必须做得相当彻底，在仓库清理之前，生产线必须做好生产线的退料工作。生产线的退料对象包括以下数项。

（1）规格不符的物料。

（2）超发的物料。

（3）不良的物料。

（4）呆料、废料。

（5）不良半成品。

生产线的退料工作在平时就要进行，在盘点来临时才进行退料工作，工作繁杂而不易顺利进行。生产线退料工作必须彻底进行，生产线所属工作场所（如生产线上下附近、工作桌抽屉、通风管等）都应彻底退料。

7.5.3 盘点培训

为使盘点工作顺利进行，每当定期盘点时，必须抽调人手增援。对于从各部门抽调来的人手，必须加以组织分配，并进行短期的培训，使每一位人员在盘点工作中确实能够彻底了解并尽到其应尽的责任。人员的培训分成两部分：一部分是认识物料的培训；另一部分是盘点方法的培训。

（1）认识物料的培训

对于认识物料的培训，重点在于复盘人员与监盘人员，因为复盘人员与监盘人员多半对物料不太熟悉。加强复盘人员与监盘人员对物料的认识有以下方法。

① 分配易于认识的物料给对物料认识不足的复盘人员和监盘人员（如财务、行政人员）。

② 对所分配复盘的物料，加强复盘、监盘人员对物料认识的培训。

③ 对物料认识不足的复盘、监盘人员，每次盘点所分配的物料内容最好相同或接近，不要因每次盘点而变更。

（2）盘点方法的培训

工厂的盘点程序与盘点办法经过会议通过后，即成为公司的制度。参加初盘、复盘、抽盘及监盘的人员必须根据盘点管理程序加以培训，必须对盘点的程序、盘点的方法、盘点使用的表单等充分了解，这样盘点工作才能顺利进行。

7.5.4 校正度量仪器,准备盘点工具

盘点所需要用到的磅秤、台秤等仪器必须检查仔细,并准备好盘点时使用的计量用具,准备盘点票、盘点记录表等单据。

7.6 实施盘点

在将盘点的准备工作做好后,各小组就要在指定时间内进行盘点作业。

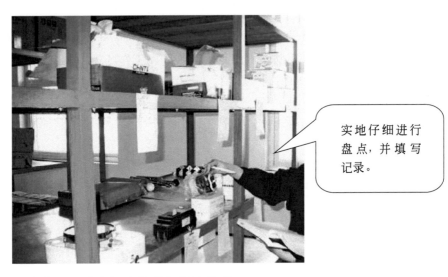

实地仔细进行盘点,并填写记录。

实地盘点的作业分为初盘作业和复盘作业。

7.6.1 初盘作业

(1)指定时间停止仓库物料进出。

(2)各初盘小组在负责人带领下进入盘点区域,至少每两人一组,在仓管人员引导下进行各项物料的清点工作。

(3)初盘人员在清点物料后,填写盘点卡,做到一物一卡。

(4)盘点卡一式三联,一联贴于物料上,两联转交复盘人员。

(5)初盘负责人组织专人根据盘点卡资料,填写盘点清册,将物料盘点卡资料填入。盘点清册一式三联,一联存被盘仓库,另两联交复盘人员。

7.6.2 复盘作业

（1）初盘结束后，复盘人员在各负责人带领下进入盘点区域，在仓管人员及初盘人员的引导下进行物料复盘工作。

（2）复盘可采用100％复盘，也可采用抽盘，由公司盘点领导小组确定，但复盘比例不可低于30％。

（3）复盘人员根据实际状况，可采用由账至物的抽盘或由物至账的抽盘作业。

① 由账至物，即在盘点清册上随意抽出若干项目，逐一至现场核对，检查盘点清册、盘点卡与实物三者是否一致。

② 由物至账，即在现场随意指定一种物料，再由此对盘点清册、盘点卡进行核对，检查三者是否相符。

（4）复盘人员对核对无误的项目，在盘点卡与盘点清册上签字确认；对核对有误的，应会同初盘人员、仓管人员修改盘点卡、盘点清册中所载的数量，并签字负责。

（5）复盘人员将两联盘点卡及两联盘点清册一并上交财务部，物料盘点清册见表7-1，成品／在制品盘点清册见表7-2。

表7-1 物料盘点清册

编号：

部门				盘点日期						
盘点卡号	料号	单位	实盘数量	账面数量	差异数量	单价	差异金额	差异原因	储放位置
合计									
说明				会计		复盘		盘点人	

表7-2 成品／在制品盘点清册

日期：

盘点卡号	料号	品名	规格	数量	单位	使用状况	备注

主管： 复盘： 盘点人：

7.7 盘点结果统计

盘点后应将盘点单按编号及发出数收回,并根据每张盘点单上的最终物品数量,统计出物品的总量。

盘点并统计结果,方便之后的差异分析与处理。

7.7.1 统计盘点结果

盘点单是盘点实际库存数的原始记录,在盘点结束后用电脑打印出各仓位区域内所有仓位编号的盘点记录单,以免遗漏。

7.7.2 根据盘点结果填写相应表单

(1)盘点差异分析表。包括各项物品的编号、原存数量、实盘数量、差异数量、差异原因及建议对策等,具体格式如表7-3所示。

表7-3 盘点差异分析表

物品编号	仓位号码	单位	原存数量	实盘数量	差异数量	差异%	单价	金额	差异原因	累计盘赢盘亏数量	累积盈亏金额	建议对策
			合计					合计				

（2）盘点异动报告表，如表7-4所示。

表7-4 盘点异动报告表

盘点日期	物品编号	物品名称	盘盈数量	盘亏数量	盘盈（亏）金额	原存数量	实盘数量	累计盘盈亏数量	单价	累计盘盈亏金额

7.8 盘点差异确认与处理

在盘点过程中，如发现账物不符，应积极寻找账物差异产生的原因，同时做好预防及修补改善工作，防止差异的再发生。

盘点后要确认账物不符的差异，并如实调整账目。

使用计算机条形码进行盘点管理，可以减少一些人为疏忽引起的差异。

7.8.1 盘点差异确认

盘点所得资料与账目核对结果,如表7-5所示,如发现账物不符的现象,则应追查原因,可从以下事项着手进行。

(1)账物不符是否确实,是否有因料账处理制度存在缺陷,而造成料账无法确实表达物料数目的事情。

(2)盘盈、盘亏是否由于料账员素质过低,记账错误或进料、发料的原始单据丢失造成料账不足。

(3)是否因盘点人员不慎多盘或将分置数处的物料未用心盘,或盘点人员事先培训工作不到位而造成错误。

(4)盘点与料账的差异在容许范围之内。

(5)发现盘盈、盘亏的原因,看今后是否可以事先设法预防或能否缓和账物差异的程度。

表7-5 库存盈亏明细表

类别:　　　　　　　　　　　　　　　日期:

项次	品名	物料编号	单位	账面数量	盘点数量	差异	差异原因

厂长:　　　　　　　主管:　　　　　　　制表:

7.8.2 盘点差异处理

7.8.2.1 修补改善工作

(1)依据管理绩效,对分管人员进行奖惩。

(2)料账、物料管制卡的账面纠正。

(3)不足料迅速办理订购。

（4）呆料、废料迅速处理。

（5）加强整理、整顿、清扫、清洁工作。

7.8.2.2 预防工作

（1）呆料比率过大，应设法研究，致力于减少呆废料。

（2）当存货周转率极低，存料金额过大造成财务负担过大时，应设法降低库存量。

（3）当物料供应不继率过大时，应设法强化物料计划与库存管理以及采购的配合。

（4）料架、仓储、物料存放地点足以影响物料管理绩效时，应设法改进。

（5）成品成本中物料成本比率过大时，应探讨采购价格偏高的原因，设法降低采购价格或设法寻找廉价的代用品。

（6）物料盘点工作完成以后，所发生的差额、错误、变质、呆滞、盈亏、损耗等结果，应分别予以处理，并防止以后再发生。

7.8.3 调整账面存量

根据盘点后的差异结果，仓管员要办理库存账目、保管卡的更改手续以保证账、物、卡重新相符。

7.8.3.1 调整库存账目

仓管员应该根据盘点结果，在库存账页中将盘亏数量做发出处理，将盘盈数量做收入处理，并在摘要中注明盘盈（亏），如表7-6所示。

表7-6 盘盈（亏）库存账目调整

年		凭证		摘要	收入	发出	结存
月	日	种类	号码				
……	……	……	……	……	……	……	
12	30	领料单	06123005			5000	146000
1	1	盘点单	070101	盘亏		5000	141000

7.8.3.2 调整保管卡

仓管员调整保管卡时，也应该在收发记录中填写数量的变更，具体方法如表7-7所示。

表7-7 盘盈（亏）保管卡调整

〜〜〜〜〜〜							
收发记录							
日期	单据号码	发料量	存量	收料量	退回	订货记录	备注
……	……	……	……	……	……	……	……
12月30日	06123005	5000	146000				
1月1日	070101	5000	141000				盘亏

第8章 智慧仓储管理

> **引言** 智慧仓储是指在仓储管理业务流程再造基础上,利用RFID(射频识别)、网络通信、信息系统应用等信息化技术及先进的管理方法,实现入库、出库、盘库、移库管理的信息自动抓取、自动识别、自动预警及智能管理功能,以降低仓储成本、提高仓储效率、提升仓储智慧管理能力。智慧仓储是当今仓储行业变革的重要方向,主要是针对传统仓储行业人力成本高、仓储效率慢、仓储管理复杂等问题结合现代科技设计的一套仓库管理系统。

8.1 智慧仓储概述

8.1.1 智慧仓储的任务

智慧仓储的任务包括如图8-1所示的几点。

1	提高货物出入库效率	实现非接触式货物出入库检验,问题货物标签信息写入,检验信息与后台数据库联动
2	提高货物盘库效率	库管员持移动式阅读器完成非接触式货物盘库作业,缩短盘库周期,降低盘库人工成本,盘库信息与后台数据库联动,自动校验
3	提高货物移库效率	实现仓储货物在调拨过程中全方位实时管理,准确快速定位移库货物,提高移库工作灵活性;通过对移库货物的移库分析,找出最佳货物存放位置
4	实现仓储管理智慧化	各类仓储单据、报表快速生成;问题货物实时预警,特定条件下货物自动提示;通过信息联网与智能管,形成统一的信息数据库,为供应链整体运作提供可靠依据

图8-1 智慧仓储的任务

8.1.2 智慧仓储的功能

智慧仓储具有如图8-2所示的功能。

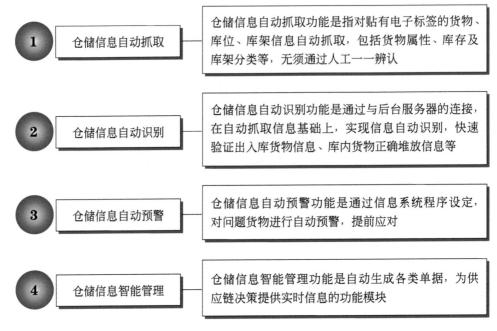

图8-2 智慧仓储的功能

8.1.3 智慧仓储管理的好处

由于智能化程度低下，缺少科学的规划和管理，在很多传统制造企业的老式仓库中，长久以来存在这样的现象：

（1）总感觉仓库不够用，东西太多；

（2）想要的东西总是找不到，不想要的东西又没有及时丢掉；

（3）仓库建设缺乏长远规划，大多使用手工管理模式，导致仓库数据不准确，管理人员不能及时处理缺货、爆仓等情况，影响企业的正常生产运营。

而智慧仓储和物流技术的引入，具有如图8-3所示好处。

未来物流发展到理想状态，甚至可以直接连接生产者和消费者，企业可以直接面对消费者，动态地调整生产和经营战略。

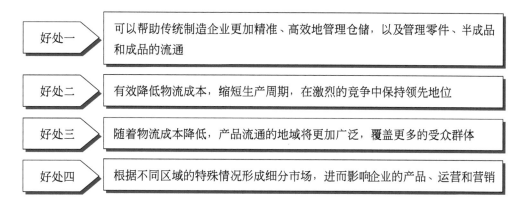

图8-3　引入智慧仓储管理的好处

比如，2017年4月26日，奥康投资3.8亿元，耗时4年建成的"中国鞋行业首家智能运营中心"——上海华东运营中心正式启用。该运营中心集办公、运营、仓储、物流、售后服务等多功能于一体，高度智能化、自动化。

其中，物流仓储区采用全自动流水线和进口机器人，从产品进仓卸货到扫单入库、存储、提货、打包、发货全部由机器完成。其日处理电商订单可超5万单，订单生成到商品出库只需要30分钟，同时还能完成奥康线下门店5000箱的发货任务。

8.1.4　智慧仓储技术的应用

智慧仓储是智慧物流的重要节点，仓配数据接入互联网系统，通过对数据的集合、运算、分析、优化、运筹，再通过互联网分布到整个物流系统，实现对现实物流系统的智慧管理、计划与控制。

智慧仓储技术应用主要集中在如图8-4所示的四个方面。

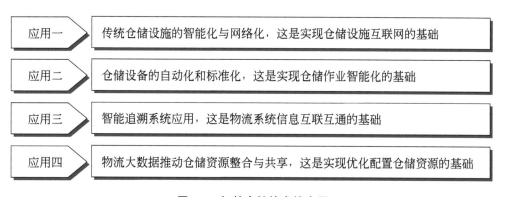

图8-4　智慧仓储技术的应用

8.2 更新仓储硬件设施

在对仓储布局进行合理规划的前提下,企业可以投入智能化的硬件设施来提高仓储的运作效率,这些新型硬件设备的使用不仅会提高仓储的自动化水平和物流运作效率,还会给企业带来可观的经济收益。

8.2.1 RFID电子标签系统

电子标签是RFID技术的载体,RFID是Radio Frequency Identification的缩写,又称无线射频识别,是一种通信技术,可通过无线电讯号识别特定目标并读写相关数据,而无需在识别系统与特定目标之间建立机械或光学接触。

RFID核心是使每件商品都有自己特定的一段信息,以便与别的商品进行区分,与之相配合的在仓库的进出口都设立RFID读写器,会读取通过读写器的货物的信息,在仓库里面可以使用RFID的手持客户端,对物品进行扫描。这样可以很容易地实现从商品进库到商品出库过程中的商品的识别、定位、追踪、运送、存取、出库的信息收集和整理。

相较于传统的条码/二维码仓库出入库管理系统,RFID可以克服如图8-5所示的问题。

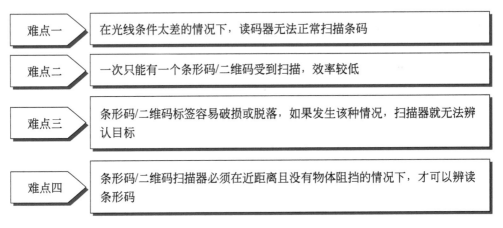

图8-5 传统的条码/二维码仓库出入库管理的难点

8.2.2 自动化运输系统

自动化运输系统主要包括皮带输送线、滚筒输送线以及托盘输送线等,主要用于纸箱和周转箱的输送,相关厂家主要有瑞仕格、德马泰克、德马等。这个系统很多厂家都能做，其技术含量比其他环节系统要相对低一些。

8.2.2.1 皮带输送线

皮带输送线也称皮带输送机，是运用输送带的连续运动或间歇运动来输送轻重不同的物品，既可输送各种散料，也可输送各种纸箱、包装袋等单件重量不大的件货，用途广泛。皮带输送机的结构形式有槽型皮带机、平型皮带机、爬坡皮带机、转弯皮带机等多种形式。

（1）槽型皮带机

槽型皮带输送机属于短途输送机械设备，输送特别平稳，适合输送容易滑落的散状物质。槽型皮带输送机在其两边加有挡边和裙边，使物料在输送过程中很平稳。槽型皮带输送机的输送带可根据输送物料的性质选择特殊的皮带，如具有抗磨、阻燃、耐腐蚀、耐高低温等各种性能要求的输送带。

（2）平型皮带机

平型皮带输送机机架采用了结构紧凑、刚性好、强度高的三角形机架，机架部分、中间架和中间架支腿全部采用螺栓联接，便于运输和安装。可广泛用于轻工、矿山、煤炭、港口、电站、建材、化工、冶金、石油等行业。由单机或多机组合成运输系统来输送物料，可输送松散密度为500～2500kg/m³的各种散状物料及成件物品。

槽型皮带机

平型皮带机

（3）爬坡皮带机

爬坡皮带输送机运用输送带的连续或间歇运动输送500kg以下的物品或粉状、颗装物品。爬坡式皮带输送机运用于有高低差的输送情况下，可完成连续输送，能平滑地与滚筒输送机或链板输送机接驳。

（4）转弯皮带机

转弯皮带输送机的扇形皮带加装专用的防跑偏滚轮（轴承外加聚甲醛）或者在输送带的外侧高频焊接导向筋使输送带运行在专用的导轨中，辊筒采用专用的锥型包胶辊筒，转弯皮带机可输送的物料种类繁多，既可输送各种散料，也可输送各种纸箱、包装袋等单件重量不大的件货，用途广泛。

8.2.2.2 滚筒输送线

滚筒输送线是指能够输送单件重量很大的物料，或承受较大的冲击载荷的机械，适用于各类箱、包、托盘等件货的输送，散料、小件物品或不规则的物品需放在托盘上或周转箱内输送。

8.2.2.3 托盘输送线

托盘输送线是指在驱动装置的驱动下，利用滚筒或链条作为承载物，对托盘及其上的货物进行输送。

8.2.3 自动分拣系统

自动分拣系统（automatic sorting system）是先进配送中心所必需的设施条件之一。可将随机的、不同类别、不同去向的物品，按产品的类别或产品目的地，从产品仓库或货架，经过拣选后按照系统要求的路径送到仓库出货装车位置。自动分拣系统具有很高的分拣效率，通常每小时可分拣商品6000～12000箱。

8.2.3.1 自动分拣系统的特点

自动分拣系统具有如图8-6所示的特点。

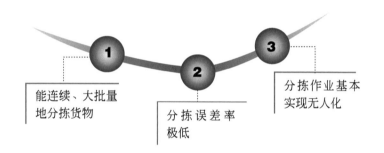

图8-6　自动分拣系统的特点

（1）能连续、大批量地分拣货物

由于采用生产中使用的流水线自动作业方式，自动分拣系统不受气候、时间、人的体力等限制，可以连续运行，同时由于自动分拣系统单位时间分拣件数多，因此自动分拣系统的分拣能力是连续运行100个小时以上，每小时可分拣7000件包装商品，如用人工则每小时只能分拣150件左右，同时分拣人员也不可能在这种劳动强度下连续工作8小时。

（2）分拣误差率极低

自动分拣系统的分拣误差率主要取决于所输入分拣信息的准确性大小，这又取决于分拣信息的输入机制，如果采用人工键盘或语音识别方式输入，则误差率在3%以上，如采用条形码扫描输入，除非条形码的印刷本身有差错，否则不会出错。因此，目前自动分拣系统主要采用条形码技术来识别货物。

（3）分拣作业基本实现无人化

建立自动分拣系统的目的之一就是减少人员的使用，减轻员工的劳动强度，提高人员的使用效率，因此自动分拣系统能最大限度地减少人员的使用，基本做到无人化。分拣作业本身并不需要使用人员，人员的使用仅局限于如图8-7所示的工作。

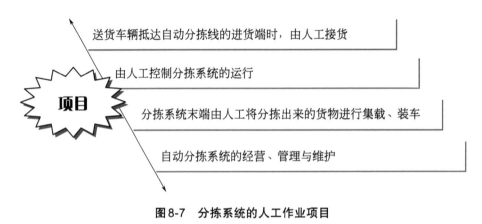

图8-7　分拣系统的人工作业项目

8.2.3.2　自动分拣系统的优势

自动分拣系统之所以能够在现代化物流得到广泛应用，是因为全自动分拣系统具有如图8-8所示的优点。

自动化分拣　　分拣系统应用于设备中，可控制设备自动化分拣货物，不需要人工分拣。自动化分拣为企业降低了劳动成本，同时加快了企业的工作进度，让企业更方便地管理存储货物。此外，企业也不需要花费更多的时间在分拣工作上，可以将精力用在其他工作上

数据存储　　分拣系统在工作的时候可以存储数据，而这些数据都会存储在系统中。数据存储主要是确保货物分拣正确，能保证分拣的货物不丢失。人工分拣货物的时候，常常会出现分拣错误或者货物丢失的情况，导致分拣工作出现各种各样的问题。因此，分拣系统数据存储能有效避免这样的问题

货物安全 ← 使用设备分拣货物，能确保货物分拣安全，同时能保证货物分拣正确。然而，人工分拣货物的话，会出现各种问题，尤其是无法保证货物安全

分拣效率高 ← 分拣效率高是自动分拣系统应用的最大优势，使用分拣系统的企业，就能实现高效分拣

图8-8　自动分拣系统的优势

8.2.4　机器人分拣系统

基于快递物流客户高效、准确的分拣需求，分拣机器人系统应运而生。通过分拣机器人系统与工业相机的快速读码及智能分拣系统相结合，可实现包裹称重/读码后的快速分拣及信息记录交互等工作。

8.2.4.1　机器人分拣系统的优势

分拣机器人系统作为新型自动分拣技术，最高可实现高达15000件/小时的拣选效率，并且在系统灵活性、易扩展性等方面更具优势。具体如图8-9所示。

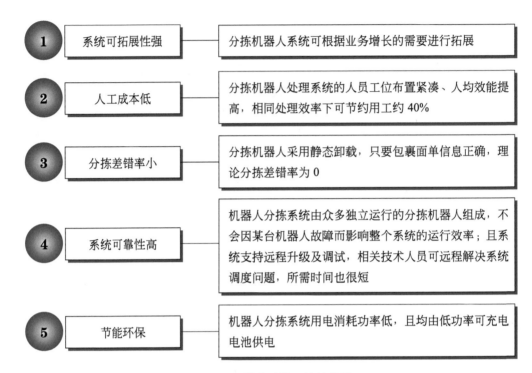

图8-9 机器人分拣系统的优势

8.2.4.2 机器人分拣系统的作业流程

分拣机器人系统可大量减少分拣过程中的人工需求,提高分拣效率及自动化程度,并大幅度提高分拣准确率。一般来说,机器人分拣系统的作业流程如图8-10所示。

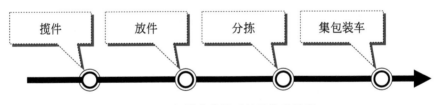

图8-10 机器人分拣系统的作业流程

(1) 揽件

包裹到达分拣中心后,卸货至皮带机,由工作人员控制供件节奏,包裹经皮带机输送至拣货区工位。

(2) 放件

工人只需将包裹以面单朝上的方向放置在排队等候的自动分拣机器人上,机器人搬运包裹过龙门架进行面单扫描以读取订单信息,同时机器人可自动完成包裹称重,该包裹的信息将直接显示并上传到控制系统中。

（3）分拣

所有分拣机器人均有后台管理系统控制和调度，并根据算法优化为每个机器人安排最优路径进行包裹投递。

比如，Geek+的S系列分拣机器人在分拣作业过程中可完成互相避让、自动避障等功能，系统根据实时的道路运行状况尽可能地使机器人避开拥堵。当机器人运行至目的地格口时，停止运行并通过机器人上方的辊道将包裹推入格口，包裹顺着滑道落入一楼集包区域。目的地格口按照城市设置。未来随着业务量的增加，可灵活调度调节格口数量，甚至可以在一个城市分布多个格口。

（4）集包装车

集包工人打包完毕后，将包裹放上传送带，完成包裹的自动装车。

> **提醒您：**
>
> 随着大数据算法的日趋完善化、快递邮件信息逐步标准化、智能控制系统集成化，分拣机器人系统已成为物流业由劳动密集型产业向批量智能化转型高度契合的产物。

8.2.5 货到人拣选系统

货到人拣选系统，简单来说就是在物流中心的拣选作业过程中，由自动化物流系统将货物搬运至固定站点以供拣选，即，货动，人不动。

8.2.5.1 货到人拣选系统的优势

货到人拣选系统通过与输送机控制系统、自动存取系统协同工作,将货物自动输送到拣选人面前,在降低拣选作业强度的同时实现高效拣选,其优势主要如图8-11所示。

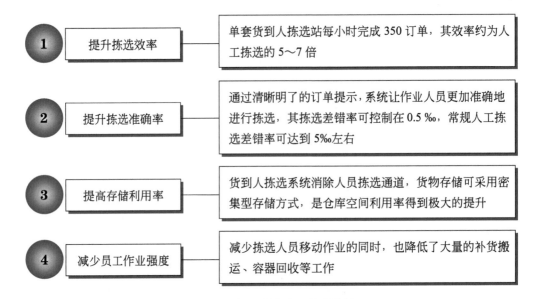

图8-11 货到人拣选系统的优势

8.2.5.2 货到人拣选系统的组成

一般货到人系统主要由储存系统、输送系统、拣选工作站三大部分组成。

(1)储存系统是基础,其自动化水平决定了整个货到人系统的存取能力,随着拆零拣选作业越来越多,货物存储单元也由过去的以托盘为主转向纸箱/料箱。

(2)输送系统负责将货物自动送到拣货员面前,它需要与快速存取能力相匹配。

(3)拣选工作站完成按订单拣货,拣货人员借助电子标签、RF、称重、扫描等一系列技术,提高拣货速度与准确率。

8.2.6 语音自动化拣选系统

语音拣选系统是仓储系统的一部分,是一款新型的仓储内部管理语音分拣系统(简称VPS),通常与仓储系统配套使用。

8.2.6.1 语音拣货系统的工作原理

VPS语音系统移动端通过耳机下达语音拣货任务,捡货人员获取任务,到达指定地点扫描旧箱号、换新箱号，通过耳麦语音回复拣货内容，直到拣货完成。

8.2.6.2 语音拣货系统的特点

VPS语音拣选主要面向大型集团仓库的核心拣选系统，支持同时对多个仓库业务管理。区别于原始的拣选系统，VPS具有图8-12所示的特点。

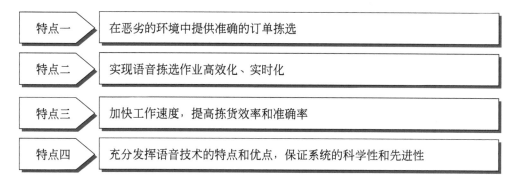

图8-12　语音拣货系统的特点

8.2.6.3 语音拣货系统的应用效益

VPS语音拣选系统的应用可为企业带来如图8-13所示的效益。

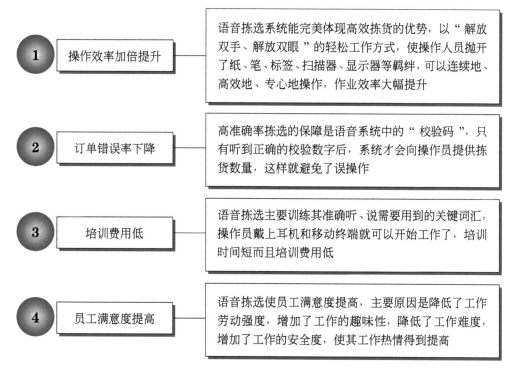

图8-13　语音拣货系统的应用效益

8.3 建设智慧仓储软件系统

智慧仓储软件体系的一个较大特点就是多功能集成,除了进行传统的库存管理外,还要实现对流通中货物的检验、识别、计量、保管、加工以及集散等功能,而这些功能得以顺利实现,都依赖于智能仓储软件管理系统。现代仓储系统内部不仅采用了先进的硬件设施,而且通常留有与互联网、无线网扩展的接口,通过采用计算机网络可以实现这些硬件设备的互连互通,然后在以仓储为核心的物流软件中对这些设备进行远程控制,而这正是实现现代智能仓储体系—集成管理的基础。

8.3.1 RFID仓储管理系统

RFID仓储管理系统是一个基于RFID识别技术为货物识别追踪、管理和查验货物信息的平台,其中追踪主要包括配送需求、货物送货、货物入库和配送超时等功能模块。该系统将先进的RFID识别技术和计算机的数据库管理查询相结合,自动识别货物信息,实现企业物流运作的自动化、信息化、智能化的需求,同时实现RFID技术与企业信息化体系的无缝对接,确保RFID技术在企业物流作业中发挥最大效益。

8.3.1.1 RFID仓储管理系统组成

RFID仓储管理系统采用B/S+C/S结构,由数据追溯平台(B/S)和手持客户端程序(C/S)两部分组成,其中数据追溯平台具有管理与企业ERP系统数据对接、客户端数据接口支持和追溯信息查看等功能。RFID仓储管理系统的网络结构如图8-14所示。

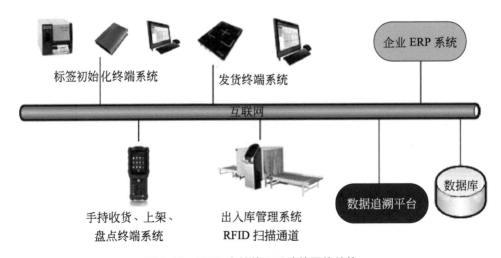

图8-14 RFID仓储管理系统的网络结构

客户端程序根据软件使用环境分为两种。

（1）手持客户端（winCE系统）：手持客户端有收货、上架、拣货、盘点等功能。

（2）PC客户端（window系统）：PC客户端有标签初始化、发货等功能。

8.3.1.2 RFID仓储管理系统构架

RFID仓储管理系统设计采用如下三层构架。

（1）信息采集层

通过发卡贴标，使新置货物配备RFID标签，标签的唯一ID号或用户编写的编码可对货物进行标识。读写器可自动化采集标签信息，从而实现货物的信息采集功能。

（2）数据传输层

RFID读写器采集到的货物标签信息，可通过相关通信接口传输至后台系统进行分析，其传输的通信接口可根据用户需求进行选择，如可选择RS-485、RS-232、以太网、WIFI或GPRS（通用分组无线服务技术）等。

（3）货物管理层

PC终端或者后台数据中心收到读写器的数据后，对数据进行分析，从而判断货物出库、入库、移库、盘点等流程，同时生成相应的报表明细单，并在系统中做相应的处理。

8.3.1.3 RFID仓储管理系统结构

RFID仓储管理系统硬件主要由RFID标签、固定式读写器、手持式读写器、服务器、个人电脑等组成，如图8-15所示，通过网络实现相互连接和数据交换。

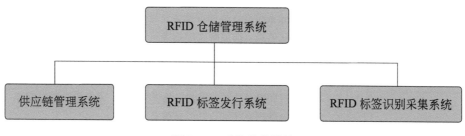

图8-15　系统软件结构

RFID仓储管理系统软件由供应链管理系统、RFID标签发行系统和RFID标签识别采集系统组成，这几个系统互相联系，共同完成物品管理的各个流程。后台数据库管理系统是整个系统的核心，RFID识别采集是实现管理功能的基础和手段。

（1）供应链管理系统

供应链管理系统由数据库服务器和管理终端组成，是系统的数据中心，负责与读写器的数据通讯，将读写器上传的数据转换并插入供应链仓储管理系统的数据库中，对标签管理信息、发行标签和采集标签信息集中进行储存和处理。

（2）RFID标签发行系统

RFID标签发行系统由发卡机和标签信息管理软件组成，负责完成库位标签、物品标签、包装箱标签的信息写入和标签ID号的更改、授权和加密等。标签信息管理软件嵌入在后台系统中，实现与供应链系统中的一一对应。

（3）RFID标签采集系统

RFID标签采集系统由读写器、手持机和标签等组成，读写器和手持机自动识别物品上的标签信息，并将信息发送后后台系统进行分析和整理，从而判断物品入库、出库、调拨和维修流程等。

8.3.1.4 RFID仓储管理系统的优势

RFID仓储物流管理系统对企业物流货品进行智能化、信息化管理，实现自动发送配送需求信息、实时跟踪货品送货情况、自动记录货品入库信息、系统自动报警和与WMS系统实时对接等功能。具体来说，RFID仓储管理系统具有如图8-16所示的优势。

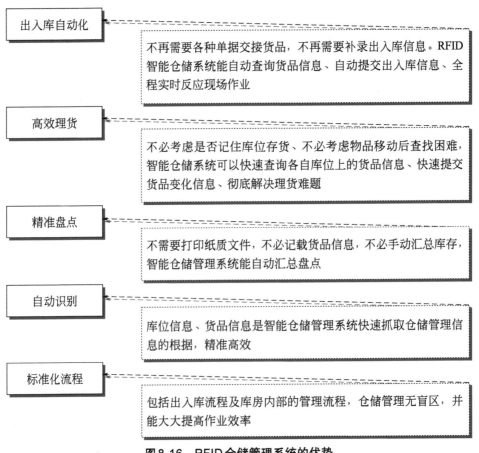

图8-16　RFID仓储管理系统的优势

8.3.1.5 RFID仓储管理系统的特点

RFID仓储管理系统全面支持多仓库管理要求，能够通过一套系统快速实现对于客户分布于全国的仓库网络进行集中管理。并有效地为大量不同的仓库提供差异化物流与供应链管理服务。相关仓库间可以实现联动作业，以构建一体化的库存服务体系；集中部署，全局视角，对各类业务可以全局掌握和局部协调，可以实时查看分析、统计报表。具体来说，RFID仓储管理具有如图8-17所示的特点。

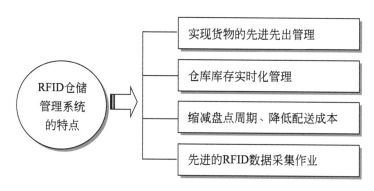

图8-17 RFID仓储管理系统的特点

（1）实现货物的先进先出管理

RFID仓库管理系统利用先进的RFID技术、无线局域网、数据库等先进技术，将整个仓库管理与射频识别技术相结合，能够高效地完成各种业务操作，改进仓库管理，提升效率及价值。对于每一批入库的货物，其入库时间、存放货位等信息均由系统自动记录，当货物出库时，就可在此基础上实现货物的先进先出管理。

（2）仓库库存实时化管理

原始仓库的库存管理依靠的是手工报表、人工统计的方式来实现，导致各个部门间无法及时确切了解库存信息。此外，随着业务的发展，日进出货物数量、品种逐步扩大，客户需求也日趋复杂。能否实现仓库库存的实时化管理已经成为了影响建立快速、高效的运营体系的重要因素。RFID仓库管理系统可以实时、准确地掌握仓库的库存情况，为各级领导和相关部门优化库存、生产经营决策提供了科学的依据。

（3）缩减盘点周期、降低配送成本

传统的仓库盘点时间是费时费力的事情，使用RFID仓库管理系统，可以缩减仓库盘点周期，提高数据实时性，实时动态掌握库存情况，实现对库存物品的可视化管理。提高拣选与分发过程的效率与准确率，并加快配送的速度，解放工人劳动力。

（4）先进的RFID数据采集作业

系统采用先进的RFID数据采集作业方式，可实现仓库管理系统中各个关键作业环节：入库、出库、盘点、定位中数据的快速准确地采集，确保企业及时准确地掌握库存的真实数据，为企业决策提供有效依据。

8.3.1.6 RFID仓储管理系统的功能模块

RFID仓储物流管理系统由发卡贴标、出库管理、入库管理、调拨移位、库存盘点和附加功能组成。出库管理系统包含出库货物申领、出库货物识别、出库记录下传。入库管理系统包含库位分配设置、卸货物品识别、入库记录管理。如图8-18所示。

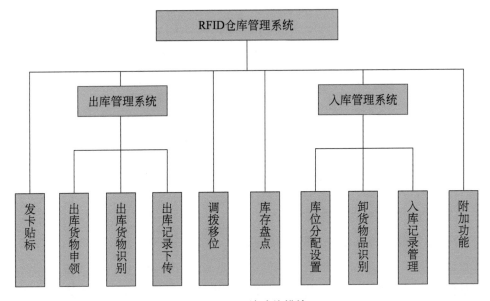

图8-18 系统功能模块

（1）货物贴标

对新购置的货物进行贴标的操作，使其配备电子标签。标签的唯一ID号或用户写入数据可作为货物的标识码，其数据用于记录货物名称、购入时间、所属仓库、货物属性等信息。当安装在各个通道的读写器识别到标签时便可自动获取货物的所有信息。

（2）货物入库

首先，对需要入库的货物在系统上先安排库位，如货物属于哪类，需要放置在哪个仓库，哪个货架；其次，将所有已贴有标签的物品放到待入库区，从入库通道运入仓库内；当经过通道时，RFID读写器会自动识别标签信息，若读写器识别的标签信息及数量正确则入库，若读写器识别的标签信息错误或数量少时，系统则进行提示；在入库时操作人员根据标签信息和系统提示可将货物准确存放到相应的仓库区域，同时系统将自动更新物品信息（日期、材料、类别、数量等），并形成入库单明细。如图8-19所示。

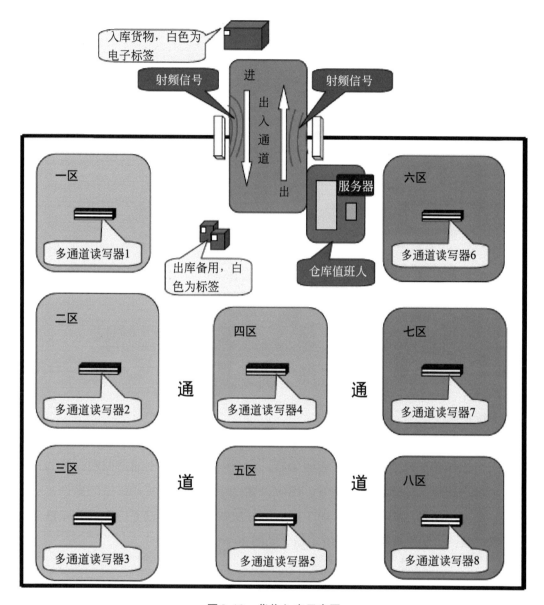

图8-19 货物入库示意图

（3）货物出库

货物出库，需在电脑上填写需要出库物品申请单；仓库管理人员接到出库单后通过手持机或者查询服务器找出相应物品，并将货物放置待出库区域；将贴有电子标签的待出库货物通过进出通道被读写器识别后再进行装车；出通道时读写器将识别到的电子标签信息与出库申请单核对，确认装车货物是否符合一致，若不一致时则重复识别或补充缺货；系统自动更新物品信息（日期、材料、类别、数量等），并形成出库单明细。如图8-20所示。

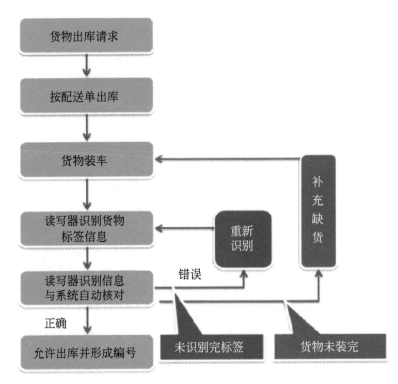

图8-20 货物出库示意图

(4) 货物调拨移库

要进行调拨移库的货物,通过进出通道时,会被安装在通道旁的读写器所识别,读写器记录当前标签信息,并发送至后台中心。后台中心根据进出通道识别标签的先后顺序等判断其为入库、出库还是调拨等。还可以通过手持机进行货物移位的操作,当仓库管理员发现某个货物放错位置时,可手动安放好货物,同时通过手持机更改标签信息并发送给服务器,实现快捷便利的移位功能。如图8-21所示。

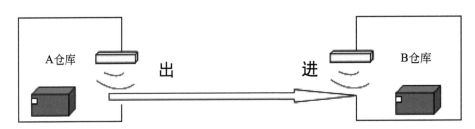

图8-21 货物调拨移库示意图

(5) 库存盘点

① 账账核对

通过手持机获取货位RFID标签中的信息,将该信息与仓库管理系统中的信息进行核对,管理人员只需要拿着手持机在货位间走一遍即可完成盘点。

② 账实核对

通过核对具体货物的标签信息与仓库管理系统中储存信息进行账实核对，具体操作如下所述。

主机形成盘点作业指令，操作员根据指令持激活状态的手持机进行待盘点区域，以每个货位为单位进行盘点。用手持机逐个扫描该货位上所有货物包装上的电子标签，扫描完该货架上所有货物后，进行确认，得到标签盘点信息，通过无线局域网将包含该信息的操作日志传回主机，主机将得到该盘点信息并与货架标签中信息、原始库存信息进行比照，对产生的差额信息进行进一步处理。如图8-22所示。

图8-22　库存盘点账实核对示意图

（6）附加功能

① 库存量预警

当库房的存量少于正常存量时，系统将提示补充存量，避免出现库存不足的现象。

② 防盗报警

当货物被异常挪动或未经允许带出时，读写器识别的同时立即向系统报警，避免货物遗失或被盗。

8.3.2　WMS智能仓储管理系统

WMS是仓库管理系统的缩写，是通过入库业务、出库业务、仓库调拨、库存调拨和虚仓管理等功能，对批次管理、物料对应、库存盘点、质检管理、虚仓管理和即时库存管理等功能综合运用的管理系统，有效控制并跟踪仓库业务的物流和成本管理全过程，实现或完善企业仓储信息管理。

8.3.2.1　WMS系统的优势

WMS系统可以独立执行库存操作，也可以实现物流仓储与企业运营、生产、采购、销售智能化集成，可为企业提供更为完整的物流管理流程和财务管理信息。具体来说，WMS系统具有如图8-23所示的优势。

优势一	数据采集及时、过程精准管理、全自动化智能导向，提高工作效率
优势二	库位精确定位管理、状态全面监控，充分利用有限仓库空间
优势三	货品上架和下架，智能化按先进先出自动分配上下架库位，避免人为错误
优势四	实时掌控库存情况，合理保持和控制企业库存
优势五	通过对批次信息的自动采集，实现对产品生产或销售过程的可追溯性
优势六	WMS 条码管理促进公司管理模式的转变，从传统的依靠经验管理转变为依靠精确的数字分析管理，从事后管理转变为事中管理、实时管理，加速了资金周转，提升供应链响应速度，这些必将增强公司的整体竞争能力

图8-23　WMS系统优势

8.3.2.2　WMS系统可实现的功能

WMS系统能控制并跟踪仓库业务的物流和成本管理全过程，实现完善的企业仓储信息管理。该系统可以独立执行库存操作，与其他系统的单据和凭证等结合使用，可提供更为全面的企业业务流程和财务管理信息。基本上，此仓储管理系统可实现如图8-24所示的功能。

功能一	系统可满足为2C业务服务的国内电商仓、海外仓、跨境进口BBC保税仓与为2B业务服务的各类仓库业务管理需要
功能二	系统可支持多仓协同管理，并针对单仓进行个性化流程配置，根据 2B、2C 业务需要，实现简单管理和精细化管理
功能三	系统可提供收货、入库、拣货、出库、库存盘点、移位等各种仓库操作功能
功能四	系统可提供多样化策略规则，实现智能分仓、智能上架、智能拣货
功能五	系统可支持自动识别技术（如一、二维条码），与自动分拣线、自动拣货小车等物流辅助设备集成，提高仓库作业自动化水平
功能六	系统指引仓库人员作业，作业效率更高，同时减少了人为差错

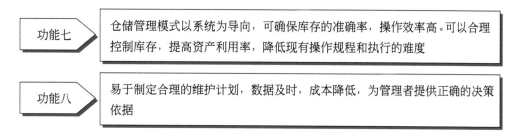

图 8-24　WMS 系统可实现的功能

当然，不同的软件公司开发出来的 WMS 系统，其功能也会有差异。

8.3.2.3　企业运用 WMS 系统管理的意义

虽然传统中小企业的仓库管理不需建立大型全自动立体智能仓库，但是为了企业的后备支撑，仍然需要在管理中采用更多的标准和规范，而要达到这些目的，WMS 系统是必不可少的。具体来说，企业运用 WMS 系统进行管理具有如图 8-25 所示的意义。

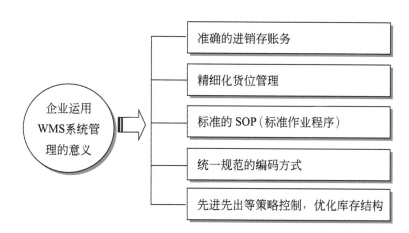

图 8-25　企业运用 WMS 系统管理的意义

（1）准确的进销存账务

通过 WMS 系统下单 – 作业 – 记账，改变传统仓库手工记账模式，有效地进行正向校验、反向核对，异常预警。通过计划生成作业任务、任务驱动仓库实际作业的模式，既在作业过程中充分保障了账务和实际作业的准确性，也有效提高了作业效率，最大限度减少了仓库作业对人工经验的依赖性。

（2）精细化货位管理

WMS 系统按照仓库实际情况进行合理分区，并根据存储产品不同特性，进行更加精细化、规范化的货位划分与管理，显著提高仓库整理整顿的合理性，实现整散区分等功能，库存货品在仓库中的位置一目了然，出入库也依据库存的实际情况及系统丰富的规则策略进行智能、精准货位匹配，从而达到提高仓库利用率、资产效益有效管理等目标。

（3）标准的SOP（标准作业程序）

仓库根据不同的类型以及不同的业务场景，需要制定不同的操作SOP，以规范仓库作业流程，减少因不规范操作带来的损失。WMS系统可根据系统不同的SOP配置相应的系统流程，以实现系统对作业的正确规范控制、指引、监督及预警，系统管理结合业务的实际情况使仓库作业更加规范化、合理化。

（4）统一规范的编码方式

条码管理是仓库自动化的基础，WMS可通过对货品、货位、批次等进行标准的条码管理，为后续的PDA（掌上电脑）、RFID及其他设施设备的接入做好信息准备，进一步推进仓库实现自动化、无纸化、信息化等目标。

（5）先进先出等策略控制，优化库存结构

WMS系统丰富的规则策略能够智能匹配最合适的库存进行分配拣货出库，并进而达到仓库的库存结构优化等目的，从而协助仓库有效地进行库存结构的优化，实现仓库的最大坪效，为企业降本增效添砖加瓦。

> **提醒您：**
>
> WMS就像一个综合的指挥中心，协调驱动着整个仓库及相关的其他系统的运行，是仓库不可或缺的大脑+神经中枢。

8.3.3　WCS仓储控制系统

WCS系统，即仓储控制系统，位于仓储管理系统（WMS）与物流设备之间的中间层，负责协调、调度底层的各种物流设备，使底层物流设备可以执行仓储系统的业务流程，并且这个过程完全是按照程序预先设定的流程执行，是保证整个物流仓储系统正常运转的核心系统。

8.3.3.1　WCS系统的地位

WCS系统应用在仓库管理中，用于协调各种物流设备（如输送机、堆垛机、穿梭车以及机器人、自动导引小车）之间的运行，采用C/S（客户/服务器模式）架构，主要通过任务引擎和消息引擎，优化分解任务、分析执行路径，为上层系统的调度指令提供执行保障和优化，实现对各种设备系统接口的集成、统一调度和监控。如图8-26所示。

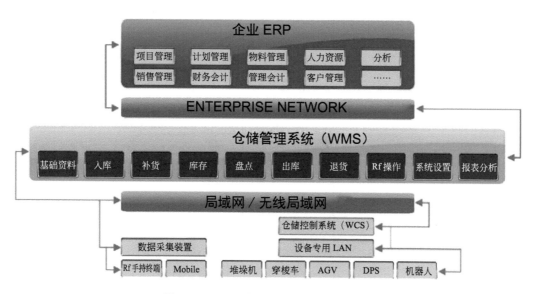

图 8-26 WCS 在智能仓储系统中的位置

8.3.3.2 WCS 系统的功能

WCS 系统与上位系统对接，实现设备智能调度与控制管理，主要功能包括任务管理、设备调度、设备监控、物流监控、故障提示、运行记录等。如图 8-27 所示。

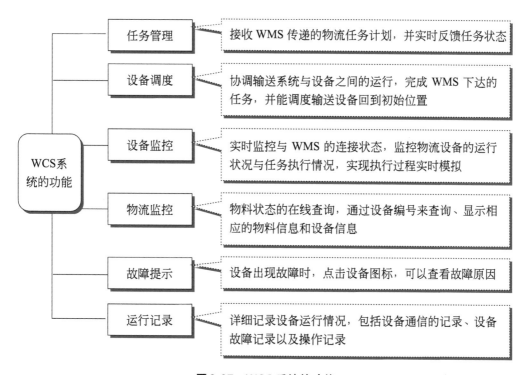

图 8-27 WCS 系统的功能

8.3.3.3 WCS系统的工作原理

WCS的作用主要是通过与物流设备建立某种通信协议协调、调度自动仓储系统中的各种物流设备，要达成这一目标，必然要和这些设备建立某种通信机制，如图8-28所示。

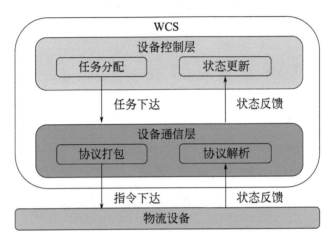

图8-28　WCS系统分层控制图

建立这种通信机制，首先就要解决WCS与底层物流设备的通讯问题。这种通信问题要靠与每种设备间建立一种通讯协议，就是通常所说的接口协议。通信协议是一种逻辑结构，主要包括如图8-29所示的关键点。

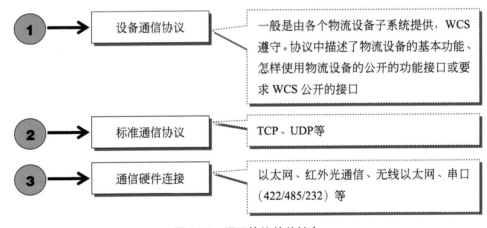

图8-29　通讯协议的关键点

> **提醒您：**
>
> WCS通常并不直接控制物流设备的动作，而只是协调多种设备的工作。因为每一个设备都有自身的控制系统，在自动化系统中最常见的就是PLC（可编程逻辑控制器），WCS只需要和PLC中的控制程序通信即可。

其次，如果系统中的每一个设备都可以自主地完成某个特定流程（设备自主的控制程序相对比较稳定，以及拥有成熟的优化算法），则WCS只需接受WMS任务发送，根据本库房作业流程的特点，制定出合理的分配策略或执行策略来发送协调指令，以减少整个系统的通信量，从而提升整个系统运行的效率和可靠性。

8.3.3.4 WCS系统可实现的效益

仓储控制系统软件WCS可实现如图8-30所示的效益。

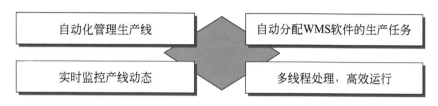

图8-30 WCS系统可实现的效益

8.4 智能机器人的应用

随着工业4.0进程的加快，AI、机器人等技术正快速刺激着仓储领域的智能变革。面对全新的挑战，智能仓储的成功离不开人工智能技术的大力推动。

从目前应用来看，仓储机器人主要以承担着搬运、码垛、分拣等功能的机器人为主。这些机器人不仅可以让整个物流环节更加便利，减少错误信息的发生，而且可以降低劳动力的体力负担，提高工作效率。

8.4.1 AGV机器人

automated guided vehicle简称AGV，当前常见的应用有AGV搬运机器人和AGV小车，主要功用集中在自动物流搬转运。AGV搬运机器人是通过特殊地标导航自动将物品运输至指定地点，最常见的引导方式为磁条引导、激光引导、超高频RFID引导；目前最先进扩展性最强是由米克力美科技开发的超高频RFID引导。磁条引导的方式是常用也是成本最低的方式，但是站点设置有一定的局限性以及对场地装修风格有一定影响；激光引导成本最高对场地要求也比较高所以一般不采用；RFID引导成本适中，其优点是引导精度高，站点设置更方便，可满足最复杂的站点布局，对场所整体装修环境无影响，而且RFID高安全性稳定性也是磁条导航和激光导航方式不具备的。

市面上的AGV搬运机器人主要集中应用在制造业物料搬运上，AGV在制造业应用中以其高效、准确、灵活地完成物料的搬运任务。并且可多台AGV组成柔性的物流搬运系统，搬运路线可以随着生产工艺流程的调整而及时调整，使一条生产线上能够制造出十几种产品，大大提高了生产的柔性和企业的竞争力。

8.4.2 码垛机器人

码垛机器人，是机械与计算机程序有机结合的产物，能适用于纸箱、袋装、罐装、箱体、瓶装等各种形状的包装成品码垛作业。码垛机器人为现代生产提供了更高的生产效率，具有如图8-31所示的优势。

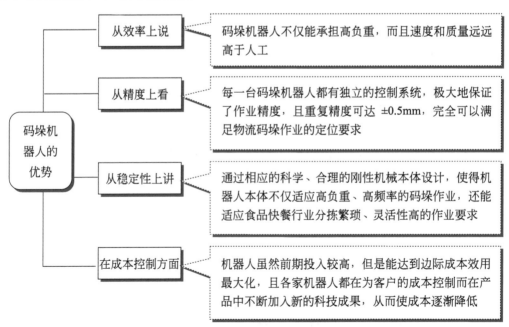

图8-31 码垛机器人的优势

8.4.3 分拣抓取机器人

分拣机器人（Sorting robot），是一种具备了传感器、物镜和电子光学系统的机器人，可以快速进行货物分拣。分拣抓取机器人如图8-32所示。

比如，位于东莞麻涌的京东智能机器人分拣中心占地1200平方米，有8条自动化的传送通道，每小时的分拣量超过12000单，是人工分拣效率的8倍。峰值分拣可达到每天24万单，极大地提高了中小件商品的分拣速度。

与传统履带式分拣相比，智能机器人分拣不仅灵活、高效，而且适用性很强，机器人对场地要求比较低，数量也能根据场地条件进行增减；设备维护维修简单，一旦发生故障，可以直接将单个机器人拿走维修，从发生故障到恢复生产只要20秒，在相同分拣量的情况下，智能机器人分拣只需要传统分拣1/3的人员，节省了不少人力。

图8-32 分拣抓取机器人